基于核心素养提升的高中音乐教学研究

范 磊 著

图书在版编目（CIP）数据

基于核心素养提升的高中音乐教学研究 / 范磊著
. -- 北京：中国书籍出版社，2023.10
ISBN 978-7-5068-9586-6

Ⅰ.①基… Ⅱ.①范… Ⅲ.①音乐课—教学研究—高中 Ⅳ.① G633.951.2

中国国家版本馆 CIP 数据核字 (2023) 第 183986 号

基于核心素养提升的高中音乐教学研究

范 磊 著

责任编辑	李国永
装帧设计	张　肖
责任印制	孙马飞　马　芝
出版发行	中国书籍出版社
地　　址	北京市丰台区三路居路 97 号（邮编：100073）
电　　话	（010）52257143（总编室）（010）52257140（发行部）
电子邮箱	eo@chinabp.com.cn
经　　销	全国新华书店
印　　刷	天津和萱印刷有限公司
开　　本	710 毫米 ×1000 毫米　1/16
字　　数	206 千字
印　　张	11.75
版　　次	2024 年 1 月第 1 版
印　　次	2024 年 1 月第 1 次印刷
书　　号	ISBN 978-7-5068-9586-6
定　　价	72.00 元

版权所有　翻印必究

作者简介

范磊，1974年生，山东邹平市人，教育硕士，中国音乐家协会会员，中国合唱协会会员，山东省优秀教师，山东省优秀研修组长，山东省音乐学科志愿者指导教师，山东省"互联网+教师专业发展"研修培训音乐学科市级指导专家，邹城市音乐教师合唱团团长兼指挥。高级教师，济宁市特级教师。现任教于邹城市第二中学。

出版专著《高考音乐理论基础方略》，与人合著《最新音乐高考教程》《艺术教育优秀论文选编》，在《艺术教育》、《中国音乐教育》等学术期刊发表论文20余篇，创作发表歌曲10余首。主持山东省教研课题和济宁市教科研课题三项。荣获山东省高中音乐优质课一等奖等奖项，济宁市教学能手、济宁市教学先进个人、济宁市优秀指挥，邹城市优秀教师等称号。

前　言

随着信息时代的快速发展和全球化的深入推进,音乐教育面临着新的挑战和机遇。作为培养学生综合素养和艺术修养的重要学科,高中音乐教育在塑造学生核心素养、培养学生创新精神和实践能力方面扮演着重要角色。本书的源起在于对高中音乐教育的现状进行深入反思和探讨,以期为培养具有学习动力、课堂活力和创新能力的音乐学生提供有效的教学指导。

本书内容涵盖了高中学生音乐教育的核心素养、美育教育、学习能力、创新素养与实践能力培养等多个方面。基于中国国情和新课标的视野,结合学生发展的核心素养和音乐教育的特点,对高中音乐教育进行了深入探讨和研究。在研究中,强调了高中音乐教育在培养学生德性、文化理解和艺术表现等方面的重要性。通过弘扬民族民间音乐、尊重理解多元音乐文化和运用乡土音乐等策略,学生可以增强文化自信和拓宽世界视野。同时,还探讨了高中音乐教育的特色和多元性,包括合唱团活动的开展和学校美育纵深推进等方面。

本书具有以下几方面的特色。

1. 综合性：本书综合了高中音乐教育的多个关键领域,包括核心素养、美育教育、学习能力、创新能力和实践能力的培养。通过探讨这些领域的相互关系和互动影响,为我们提供了一个全面而系统的视角,以促进学生综合素质的发展。

2. 中国特色：本书以中国国情为背景,结合了中国学生的发展需求和新课标对音乐教育的要求,关注了中国学生的文化理解、审美感知和民族音乐传承等特点,并提出了相应的教学策略和方法。

3. 实践导向：本书注重将理论与实践相结合,探讨了具体的教学模式和策略,如微格教学、翻转课堂和慕课教育模式的应用,以及活动化和情境化实践的重要性。通过提供实际案例和教学经验，希望为教师们提供可操作的指导，促进他们在实际教学中的创新和实践。

4.可持续性：本书关注学生的终身学习和发展。强调了学会学习的重要性，并提出了高中音乐自主性学习和合作学习模式的策略，以及深度学习模式的应用。通过培养学生的学习能力和自主学习习惯，使他们能够在未来不断追求知识和创新。

当然，本书仍然存在一些局限性和不足之处。由于篇幅和时间限制，本书无法详尽涵盖所有相关内容，也无法确保研究结论的绝对准确性。因此，热忱欢迎学界和实践者对本书进行批评和建议，以进一步丰富和完善高中音乐教育的研究领域。

范磊

2023 年 5 月

目录

第一章　核心素养：信息时代人才培养的新需求·············1
　第一节　结合中国国情的"中国学生发展核心素养"·············1
　第二节　"新课标"视野下音乐学科核心素养——审美感知、艺术表现、文化理解·············6
　第三节　核心素养下高中音乐课程结构价值取向的调整·············10

第二章　责任担当与人文底蕴：关注核心音乐素养对人的社会化发展·············16
　第一节　涵养德性——基础音乐教育核心素养的根本任务·············16
　第二节　文化自信与世界视野——弘扬民族民间音乐，尊重理解多元音乐文化·············27
　第三节　乡土音乐在高中音乐教学中的运用·············34
　第四节　社会交往价值的实现必须构建特色、多元、人文的高中音乐课程·············39

第三章　学会学习：终身音乐学习的重要场域·············60
　第一节　高中音乐自主性学习与合作学习模式与策略·············60
　第二节　核心素养导向下的高中音乐深度学习模式·············73

第四章　核心素养导向下的高中音乐"双基"教学与美育教育·············95
　第一节　基础知识与基本技能、审美体验、专项特长三者结合的教学模式·············95
　第二节　高中音乐美育的探索与实践·············100

第三节　高中校园合唱社团活动开展及其组织训练……………………105
  第四节　学校美育纵深推进——谈高中音乐艺术特长教育……………115

第五章　铸造"三力"课堂：学习有动力、课堂有活力、师生有能力………121
  第一节　音乐学科核心素养理念对音乐教师的挑战……………………121
  第二节　微格教学、翻转课堂、慕课教学模式的应用…………………132
  第三节　高中音乐综合课程的教学实施…………………………………143
  第四节　新课标下的高中音乐模块教学探究与实施……………………147

第六章　实践创新：高中音乐教育的创新素养与实践能力培养……………159
  第一节　学生创新精神和实践能力培养的意义…………………………159
  第二节　影响学生创新精神和实践能力培养的因素……………………161
  第三节　学生创新精神与实践能力培养的有效策略……………………162
  第四节　高中音乐教学的活动化与情境化实践…………………………172

参考文献……………………………………………………………………………175

第一章 核心素养：信息时代人才培养的新需求

本章将围绕中国学生发展核心素养的需求，结合"新课标"视野下的音乐学科，探讨音乐学科核心素养，包括审美感知、艺术表现和文化理解。同时，在培养音乐学科核心素养的过程中，探讨高中音乐课程结构和价值取向。通过本章的研究和探讨，希望能够为中国学生的综合发展和教育改革提供有益的参考和借鉴，以适应信息时代对人才培养的新需求。

第一节 结合中国国情的"中国学生发展核心素养"

一、中国学生发展核心素养提出的背景

（一）教育改革和发展需求

随着中国社会经济的快速发展和教育体制改革的推进，对培养全面发展的人才提出了更高要求。传统教育注重知识传授和应试能力，但在21世纪的全球化背景下，需要培养具备综合素养、批判思维、创新能力和社会责任感等核心素质的学生。

（二）国际竞争与综合素质要求

随着全球化进程的加速和国际竞争的激烈，中国意识到仅有学科知识已不足以应对未来挑战。为了培养具有全球竞争力的人才，需要关注学生的综合素养，包括思维能力、创新能力、沟通能力和团队合作等方面的发展。

（三）教育公平和社会发展

中国一直致力于推进教育公平，确保每个学生都能享有平等的教育机会。核心素养的提出旨在弥补教育差距，促进教育公平。通过培养学生的核心素养，不仅可以提高个人发展能力，还可以促进社会整体发展和进步。

（四）人才培养理念的转变

中国教育系统逐渐从关注学生的知识面转变为关注学生的综合素质和潜能发展。核心素养的提出反映了对学生全面发展的重视，鼓励学生积极参与综合素质教育，为未来的学习、工作和社会生活做好准备。

综上所述，中国学生发展核心素养的提出背景涵盖了教育改革和发展需求、国际竞争与综合素质要求、教育公平和社会发展需求，以及人才培养理念的转变等多个方面。这一提出旨在推动中国教育朝着综合素质教育的方向发展，培养具备全面素养的高素质人才，以应对未来的挑战和需求。

二、中国学生发展核心素养的框架

（一）人文底蕴

1.人文积淀

这是指学生对于人文知识、历史文化和传统价值观的了解和积累。学生需要学习关于中国和其他国家的历史、文学、艺术等方面的知识，以便更好地理解和欣赏人类文明的丰富多样性。[1]

2.人文情怀

这是指学生对于人类文明、社会关系和人情世故的关怀和理解。学生需要培养对他人的尊重、关心和理解，以及对社会问题的思考和关注，这样才能更好地融入社会并为社会发展做出贡献。

---

[1] 魏严严.音乐学科核心素养理念下的教师人才培养模式研究[D].西安：西安音乐学院，2020.

3. 审美情趣

这是指学生对美的感知、艺术欣赏和美学思维的培养。学生需要培养对自然、艺术、音乐、文学等方面的美感和欣赏能力，这样既能够提升自身的审美情趣和创造力，也能够丰富自己的精神世界。

总的来说，人文底蕴的培养旨在让学生了解和尊重人类的历史和文化，培养他们对社会和他人的关怀，同时提升他们的审美素养，使他们成为兼具人文情怀和艺术鉴赏能力的学生。

（二）科学精神

1. 理性思维

这是指学生具备进行逻辑思考、理性判断和科学推理的能力。他们能够从事实和逻辑出发，思考问题并做出合理的判断，而不是仅凭感觉或主观想法。这种能力能够帮助他们更好地理解世界，做出明智的决策以及妥善地处理问题。

2. 批判质疑

这是指学生具备对信息、观点和事实进行批判性思考和质疑的能力。他们不盲目接受所听到或阅读到的信息，而是以怀疑的态度审视并提出问题。他们能够辨别真假、分析事物的可信度，并通过质疑和探究来深入了解事物的本质。

3. 勇于探究

这是指学生对未知事物充满兴趣和好奇心，主动进行科学探索和实践的能力。他们不满足于现有的知识和答案，而是积极追寻新知识和新领域。他们勇于提出问题、进行实验和观察，以便发现新的事实和解决现实问题。

总的来说，科学精神的培养旨在让学生具备理性思维、批判质疑和勇于探究的能力。他们能够以科学的方法思考和解决问题，对信息保持怀疑和批判的态度，并主动进行科学探索和实践，以推动科学知识的发展和应用。

（三）学会学习

1. 乐学善学

这是指学生具备积极主动的学习态度和学习方法，以提高学习能力和效果。他们对学习充满兴趣和热情，愿意主动去学习新知识和技能。同时，他们也能够掌握一些高效的学习方法，例如制定学习计划、合理安排时间、善于寻求帮助和积极参与学习活动。

2. 勤于反思

这是指学生具备对学习过程和成果进行反思和总结的能力。他们会定期回顾自己的学习情况，思考自己的学习方法是否有效，哪些方面需要改进，以及如何更好地利用已学知识。通过反思，他们可以不断优化自己的学习策略，提高学习效果，并发展出更深层次的理解和思考能力。

3. 信息意识

这是指学生具备获取、评估和利用信息的能力以应对信息时代的学习需求。他们能够主动寻找并获取有价值的信息源，如书籍、网络资源等，同时也具备辨别信息真实性和可靠性的能力。他们知道如何利用信息来支持学习和解决问题，并具备媒体素养，能够合理使用和评估各种媒体渠道提供的信息。

总的来说，学会学习的核心是培养学生积极主动的学习态度和方法，包括乐学善学和勤于反思。此外，他们还需要具备信息意识，以便能够获取、评估和利用信息来支持学习和应对信息时代的学习需求。通过培养学会学习的能力，学生可以更好地适应不断变化的学习环境，不断提升自己的学习效果和能力。

（四）健康生活

1. 珍爱生命

这意味着学生要培养安全意识，关注自身的健康和安全。他们应该了解并采取适当的安全措施，避免危险行为和环境，同时也要注重健康饮食和良好的生活习惯，如适度锻炼身体、保持良好的睡眠等。

2. 健全人格

这意味着学生需要培养情绪管理、人际交往和道德品质。他们应该学会管理自己的情绪，积极应对压力和挫折以及与他人建立良好的人际关系。此外，他们也应该培养道德品质，如诚实守信、尊重他人和关心社会公益等。

3. 自我管理

这意味着学生需要培养自我规划、时间管理和自律能力。他们应该学会制定目标和计划，合理安排时间，有效利用时间资源。此外，他们还应该培养自律能力，能够自我约束，坚持做出正确的选择和行为，以实现个人的成长和发展。

综上所述，健康生活的核心是培养学生珍爱生命、健全人格和自我管理的能力。通过培养这些能力，学生可以保护自己的安全和健康，建立良好的人际关系，同时也能够有效地管理自己的时间和资源，实现个人成长和发展。

（五）责任担当

1. 社会责任

这意味着学生应该关注社会问题并积极参与解决。他们应该意识到社会存在的各种问题，如贫困、环境污染等，并主动采取行动，为社会作出贡献。他们应该具备责任感，愿意为改善社会状况尽自己的努力。

2. 国家认同

这意味着学生应该有对国家的认同和忧国忧民的情感。他们应该培养爱国精神，热爱自己的国家，并关心国家的发展和民众的福祉。他们应该具备公民责任感，积极参与社会生活，为国家的繁荣和进步作出贡献。

3. 国际理解

这意味着学生应该了解多元文化和国际交往。他们应该学习不同文化之间的相互理解和尊重，培养跨文化交流的能力。他们应该具备全球视野，关注国际事务，积极参与国际交流与合作，为建设一个和谐的国际社会作出贡献。

综上所述，责任担当的核心是培养学生的社会责任、国家认同和国际理解能力。通过培养这些能力，学生能够关注社会问题并积极参与解决，热爱自己的国家并为国家的发展贡献力量，同时也能够理解不同国家的文化，为构建一个和谐的国际社会作出贡献。

（六）实践创新

1. 劳动意识

这意味着学生应该重视劳动的价值和实践经验。他们应该了解劳动对于个人成长和社会发展的重要性，并愿意主动参与劳动活动。通过参与劳动，他们能够培养实践能力、增加社会经验，同时也能够学会珍惜辛勤劳动所带来的成果。

2. 问题解决

这意味着学生应该具备解决实际问题的能力和创新思维。他们应该具备识别问题、分析问题和找到解决方案的能力。他们能够运用自己所学的知识和技能，思考并解决面临的各种挑战和困难，为实现个人和社会的进步作出贡献。

3. 技术运用

这意味着学生应该掌握和应用科技工具和信息技术。他们应该熟悉并善于使用现代科技，如计算机、互联网等。他们应该能够灵活运用这些技术工具，获取信息、开展研究、进行创新，并将其应用于解决实际问题和改善生活质量。

综上所述，实践创新的核心是培养学生的劳动意识、问题解决能力和技术运用能力。通过培养这些能力，使学生能够重视劳动的价值并参与实践活动，具备解决实际问题和创新思维的能力，同时也能够掌握和应用科技工具和信息技术。这样的培养能够使学生具备实践能力和创新意识，为个人的成长带来积极意义，同时，也会为社会的进步作出积极贡献。

第二节 "新课标"视野下音乐学科核心素养——审美感知、艺术表现、文化理解

审美感知、艺术表现和文化理解是学习音乐时学生所获得的重要能力和特点，也是音乐学科对学生培养目标的关键方面。审美感知涉及学生对音乐美感的敏锐度和理解能力，而艺术表现则体现了学生在音乐创作和演奏方面的技巧和才能。此外，文化理解也是重要的，它使学生能够理解和欣赏音乐所承载的文化内涵。这些核心素养集中展示了音乐学科对学生培养目标和教育意义的重要性。

一、审美感知、艺术表现、文化理解的内涵

审美感知是指人们对音乐美感的敏锐度和理解能力。无论是专业音乐人还是一般听众，在欣赏音乐作品时都可以描述出其中的内容，但专业音乐人对于音乐结构的理解可能更深入一些。因此，学习音乐的人需要注重感知音乐的要素、形式和美感，这是学习音乐的基础。

艺术表现是通过艺术形式来表达音乐作品中的美感和情感内涵的能力。音乐可以传达丰富的情感和复杂的信息，有时候甚至比语言更能表达深层的情感。通过艺术表现，可以丰富自己的情感世界，充实内心。

文化理解是指人们对音乐背后文化内涵的理解和欣赏能力。文化的定义有很多种，而音乐教育就是让人们了解和体验丰富多样的文化，将其中优秀的部分融入到自己的特点中，引导其实现自己的价值。因此，音乐教育是人们生活和成长中的一项重要因素。

二、核心素养的实现呼唤深度学习

（一）审美感知的深度

学生在音乐学习中的审美活动主要包括通过听觉和艺术资料的组织以及有目的的艺术表现。这意味着学生通过聆听音乐并组织艺术材料，以特定的方式表达自己对音乐的审美感受。在这个过程中，学生需要了解音乐作品的表现内容，同时也需要逐步培养自己对音乐作品的感受和体验能力。

一个具有较强音乐审美能力的人，有以下特点：首先，他们能够在不同的声音中发现音乐的组织和结构关系，也就是能够理解音乐作品中的音响特点以及艺术表现形式。其次，在欣赏音乐时，他们的情感更加自由，能够进入更广阔的感受空间。这是因为他们经过了对联觉的深入练习，使得自身对音乐的感知和反应更为敏感。

因此，培养学生的音乐审美能力，既需要学生了解音乐的组织结构，也需要通过实践和体验来培养他们的情感和联觉能力。这样，学生才能够更好地欣赏音乐，深入体验音乐所带来的美感和情感，进一步丰富他们的音乐体验。

《普通高中音乐课程标准（2017年版 2020年修订）解读》中，审美感知素养的课程教学内容主要包括以下三个方面：首先是对音乐基本要素的了解，包括音符、节奏、音调等基本知识；其次是学习音乐的组合发展和结构过程，即了解音乐的组成方式以及演变过程；最后是通过研讨经典曲目来深入了解代表某种风格的音乐作品。此外，在《普通高中音乐课程标准（2017年版 2020年修订）解读》中还指出，深度审美感知还应该包含音乐作品的体裁、形象刻画、情感表达和社会功能，以及音乐所具有的时代和民族风格等内容。这些内容是为了更全面地理解音乐审美而提出的。根据不同的深度感知，我们可以从雷默的著作《音乐教育的哲学》中找到支持：一是基于感受的体验尺度；二是基于知觉和创造的体验尺度；三是针对特定音乐风格的领会。这些尺度可以根据不同的侧重点和学习者的知识和技能水平的差异来应用。①

管建华教授在他的著作中指出，以审美为核心的认识论哲学对音乐教育的限制是不符合当今世界人类精神和现实的深层联系的。他认为，只有将音乐视为文化的音乐人类学领域的一部分，将其纳入音乐教育，才能重新定义和定位音乐学科，产生深远的影响。这意味着我们需要将音乐的文化背景和社会意义纳入音乐教育的范畴，从而使音乐教育更加丰富和多元化。这种重新定位将有助于我们更全面地理解和欣赏音乐，并与当代社会的需求和现实相联系。②深度学习注重师生之间和学生之间的相互沟通、交流和深入理解，强调主体性和协同性，而不仅仅是对音乐作品的单一维度理解。音乐智慧的形成可以被视为一种综合心理智能的存在，通过音乐学习可以提升思维发展、培养审美创造力，并传承文化。这样的学习过程可以培养出具有音乐灵性和智慧的主动音乐实践者。因此，音乐教育应该注重培养学生的综合能力，使他们在音乐实践中能够充分发展自身的思维和审美能力，同时也能够传承和创造音乐文化。

因此，在高中音乐深度学习中，首先需要规避以审美为核心的音乐教育哲学所带来的负面影响。一方面，要减弱教师的权威地位，不过分强调教师的教学行为，而更关注学生所处的语境、活动和学习形式，即学科素养的达成。在深度音乐课堂中，学生的审美实践应该超越被动的模仿和照搬，赋予学生权力，激发他们自主思考和学习，研究学生已有的知识和态度能力，发现推动学生学习的方式和方法，激发学生内在的学习动力。③在学生深度体验和积累经验的过程中，应尽可能地采用多种方式关注师生探究的进展，鼓励学生主动聆听和自然体验，关注学生审美情感的转变，同时处理和反思新课程实施中可能存在的问题，以实现音乐学习质的改变。

---

① 王安国．普通高中音乐课程标准（2017年版）解读[M]．北京：高等教育出版社，2018．
② 管建华．"审美为核心的音乐教育"哲学批评与音乐教育的文化哲学建构[J]．中国音乐，2005，（04）：6-16，30．
③ 庄安琪．核心素养导向的高中音乐深度学习模式研究[D]．西安：陕西师范大学，2021．

（二）艺术表现的深度

深度的音乐教育课堂能够实践音乐教育的特点，学生的艺术表现素养只有在实践中才能形成和提升。显而易见的是，学生的音乐能力不能仅依靠短暂的几节音乐课程来培养。在日常生活的各个方面，都需要让学生形成对音乐欣赏的习惯。情绪是一种直观的感受，当下的音乐会引发相应的情绪反应，但对音乐情感的理解需要逐渐体会和领悟。在这方面，教师应更加关注如何培养学生对音乐情感的把握和提升，同时意识到在我们聆听音乐的过程中，情感与感受同样重要。通过课堂教学，教师可以教授学生辨析不同文化、不同风格音乐的方法，而学生则需要将课堂所学应用到日常生活中，多听多思考，形成良好的音乐欣赏习惯。只有这样，学生的音乐能力才能实现深度学习。

在深度的音乐课堂中，艺术表现的实践方式包括创作、排练和表演综合性艺术形式的能力，以及歌唱和演奏技能的培养。这种实践方式实质上反映了对学生综合音乐能力的培养，即在共同学习的环境中，让学生自信、富有创造性和美感地组织音乐符号，反复体会艺术背后的思想和灵魂，把握乐谱所承载的深层次意境。[1]然而，在实践中理解音乐过程时，学生必须同时掌握音乐之外的情境，从全面的视角出发，形成快乐、交流、创造、指向音乐本质的综合水平，结合新技术的支持，改善音乐体验和表现的综合能力。否则，文化的特征无法展现，也就无法达到文化理解这个素养的要求。以音乐与舞蹈为例，如果没有深入挖掘不同舞种代表作品的文化与表现关系，以及情感表达的特色风格，深入探索作品或作品类型背后的情景，学习者就无法体验音乐构成和动作表现的运用，最终只能表面化地生搬硬套。

此外，音乐学习不仅仅是体验音乐的美，更重要的是具备创造能力，这也是音乐深度学习所追求的目标。音乐是一门听和唱的艺术，更是一门表现的艺术。因此，仅仅培养学生在表演时的技能和自信远远不够。如果能将各种与音乐相关的综合性艺术联系在一起，例如音乐与舞蹈、音乐与戏曲等，将音乐学习与实践相结合，可以更深入地提升音乐能力。例如，在学习藏族音乐时，将藏族舞蹈融入其中，并清楚地了解藏族音乐和舞蹈的风格、特点甚至其背后蕴含的文化。只有在这样的基础上，学生展示的音乐或舞蹈才能算是正确的。

---

[1] 庄安琪.核心素养导向的高中音乐深度学习模式研究[D].西安：陕西师范大学，2021.

(三)文化理解的深度

在浅层次的音乐课堂中,教师和学生往往过于关注音乐本身的技巧和表现,忽视了音乐作为一种文化表达形式的重要性。音乐教育应该更加注重培养学生对音乐背后文化内涵的理解和探究能力。

音乐是一种跨文化的语言,通过学习和理解不同文化的音乐,学生可以拓宽视野、增强对多元文化的尊重和理解。音乐深度学习需要引导学生去主动探究音乐风格背后的原因,了解不同音乐风格与特定社会、文化和历史背景的关联。这样的学习过程可以帮助学生更好地理解音乐的意义和作用,以及音乐与社会的相互关系。

此外,音乐深度学习应该与其他学科进行融合,通过跨学科的学习和探索,学生可以更好地理解音乐的文化背景、创作动机以及与其他领域的关联。这种综合性的学习可以促进学生的全面发展,培养他们的创造性表达能力和个人发展。

最重要的是,音乐深度学习应该帮助学生建立对音乐的情感连接和心灵共鸣。音乐具有独特的情感表达能力,通过深入学习音乐,学生可以触及音乐所传递的情感和思想,进而激发他们内在的认知因素、丰富思维和情感,促进他们的人文内涵和心灵发展。

综上所述,音乐深度学习是一种综合性的、涵盖多个层面的学习过程,它不仅关注音乐本身的技巧和表现,更强调音乐与文化、社会、个人发展等方面的关联。通过音乐深度学习,可以培养学生对多元文化的理解和尊重、扩展视野、增强创造力,并实现其认知、情感和心灵的全面发展。

第三节 核心素养下高中音乐课程结构价值取向的调整

一、从奉行"主义"到关注"主体"

清政府1906年颁布的教育方针确立了一系列教育宗旨,包括忠君、尊孔、尚公、尚武和尚实。这些宗旨主要反映了当时社会政治背景和统治者的意识形态。忠君强调对君主的忠诚,尊孔则是对儒家思想和儒学传统的尊重,尚公体现了公共事务和公共利益的重要性，尚武则强调军事训练和国防意识，尚实则是强调实用性教育和技能培养。这是中国近代以来官方首次颁布和实施的教育方针。这个教育宗旨要求首先忠于君王，其次尊崇孔子及其学说。当时的教育宗旨反映了教育的意识形态性，符合清朝政府和守旧派的情绪。但是，这场教育改革在实质上仍然固守于封建君主主义，对教育改革不彻底。尽管有一些新式教育的推行，但基本上仍然依赖于封建君主主义，教育改革的愿景没有得到充分实现。

其中，"尚武"体现了国防对教育的强制性色彩。这种教育主张要求各门课程，包括音乐在内，都必须与国防相结合。另外，"尚实"的观念强调实利主义，认为教育应该注重实用性课程，培养农工商才能，而将音乐等非实用性课程置于次要地位。可以看出，这些主义对音乐教育课程的实施产生了强制性的规定和影响。[①]

在这一时期，除了基本取向的转变外，也出现了一些积极的举措来改变音乐课程的地位。其中一个重要的举措是1907年出版了中国第一部官方音乐教材，名为《初等小学乐歌教科书》。这本教材的出版标志着中国音乐教育开始系统化和正式化。它为初等小学的音乐课程提供了具体的教材内容和指导，为学生提供了规范的音乐学习材料和指导。这本教材包含了一系列乐歌和音乐练习，旨在培养学生的音乐感知、音乐表达和音乐技巧。

另外，还将音乐列入女子小学堂随意科的章程等。然而，这些措施的社会影响力和效果有限，国民的思想观念大多保守僵化。

中华民国成立后，教育的整体课程取向发生了转折性变化，这主要体现在对教育本质的认知观念上。其中，蔡元培的"学生主体论"提出的言论影响最为深远。作为中华民国第一任教育总长，蔡元培认为，民国教育方针应该从受教育者本身着想，关注学生的能力和责任，并认为受到怎样的教育才能具备怎样的能力。这种教育主张可以看作是近代全国教育改革中最早关注受教育者个体的教育观。[②]

客观上，蔡元培、裴斯泰洛齐和卢梭的教育思想都在不同程度上影响了中华民国成立后的教育发展。蔡元培的"学生主体论"强调以学生为中心，关注学生

---

① 骆静禾. 20世纪以来中国基础音乐教育观念研究 [D]. 福州：福建师范大学，2017.
② 骆静禾. 20世纪以来中国基础音乐教育观念研究 [D]. 福州：福建师范大学，2017.

的个体差异和需求，鼓励学生的主动性和创造性。这一观念在教育改革中得到了一定程度的实践，例如在课程设计中注重学生参与和自主学习的能力培养。

裴斯泰洛齐的教育思想则强调民主教育和社会改革的紧密联系。他主张通过教育来促进社会的进步和个体的全面发展，倡导开放、自由的教育环境，培养公民意识和参与社会的能力。这种观念对中华民国教育改革的民主化进程产生了一定的影响，促使教育从传统的知识灌输转向培养学生的批判思维和创造力。[①]

卢梭的教育思想强调追求人的本性和自由发展。尽管卢梭的思想对中华民国教育改革的直接影响可能较小，但在普遍的教育价值观中，卢梭强调个体的自由与发展的观点仍然具有一定的影响力。

总的来说，中华民国成立后的教育发展受到了不同教育思想的影响，包括蔡元培的学生主体论、裴斯泰洛齐的民主教育观和卢梭的个体发展观。这些思想对教育的改革方向、课程设计和教学方法等方面产生了一定的影响，推动了教育的民主化和个体化发展。

二、从囿于"双基"到发展"素养"

在中国的音乐教育历史上，"双基"是指基本知识和基本技能，常常在针对课程、教材、教法的讨论中出现。最早的音乐"双基"类教科书出版于1904年，是根据日本高等师范学校教授铃木米次郎翻译的《音乐理论》日文本而来。当时的音乐教育观念认为，学习音乐的关键是掌握扎实的音乐知识和技能，尤其是乐理学习。

随着时间的推移，音乐课程中对于"双基"的内容构成和体例分配发生了变化。这些变化反映了音乐课程对于"双基"的理解和重视程度的演变，从最初的乐理、唱歌和乐器学习，到逐渐扩展为包括音乐史和名著欣赏等更广泛的内容，再到更加专业化和注重实际操作的教学方法。

虽然"双基"仍然是音乐课程中的重要内容，但中小学音乐教学大纲开始展示"双基"与"素养"并行的音乐课程观。此后，音乐课程在培养学生的基本音乐知识和技能的同时，也注重培养学生的音乐素养，包括表现、感受、鉴赏、审美和想象等能力。

---

① 骆静禾. 20世纪以来中国基础音乐教育观念研究[D]. 福州：福建师范大学，2017.

另外，对于如何发展音乐素养的问题，学界也提出了不同的观点和方法。有学者主张通过多样化的音乐体验和音乐活动来培养学生的音乐素养，例如通过演奏乐器、合唱、参与音乐会等实际的音乐实践来提升学生的音乐素养。还有学者提出，音乐素养的培养需要注重学生的情感体验和表达能力，通过引导学生深入感受音乐的情感内涵，激发他们的情感共鸣和创造力。此外，音乐欣赏也被认为是培养音乐素养的重要途径，学生通过聆听和分析不同类型、风格的音乐作品，培养对音乐的理解和欣赏能力。

总之，在现代音乐教育中，对于"双基"的理解和应用已经发生了一定的变化。音乐课程不再将"双基"作为独立的课程内容，而是将其融入到综合性的音乐素养培养中。这意味着音乐教育不仅关注学生的音乐知识和技能，还注重培养学生的情感、表达、创造、欣赏等综合能力。通过多样化的音乐体验和实践活动，学生可以全面发展自己的音乐素养，成为具备综合能力的音乐人才。

三、从借鉴"他者"到构建"特色"

清朝末年，中国近代学校教育制度起步，最初主要效仿日本学制。1902年，清政府颁布了《钦定学堂章程》（壬寅学制），尽管该学制未能实施，但它标志着中国近代学制的开端，并奠定了以日本学制为基础的延续性传统。这种选择并非随意的，早在1896年，梁启超、张之洞、康有为等晚清重要官员就提出了学习日本教育的主张。这些官员为官方学制的制定和确立指引了效仿和借鉴的方向。

在壬寅学制之后，清朝政府颁布了另一部以日本学制为蓝本的改革方案，《奏定学堂章程》（癸卯学制），该学制于1904年开始实施，标志着中国近代教育进入了新的阶段。这个学制明确规定了各级学校的学制、目标和课程设置，其中首次正式将音乐作为独立学科纳入小学课程。

民国成立后，中国逐渐从日本学制转向效仿德国学制，并对中小学音乐课程进行了改变。这一转变并不完全是盲目效仿的结果，而是考虑到国民教育的需求和教育观念的变化。1915年，袁世凯颁布了《特定教育纲要》，正式提出效仿法德学制取代原有的日本单一学制。这一改革主张早在1898年康有为上书光绪皇帝时就已提出。在这个时期，德国学制的观念主张中，教育应根据不同的学习目的进行分类。新的学制将小学划分为国民学校和预备学校，中学划分为文科和实科，旨在培养社会中坚人物和为进入高等学校做准备。

1936年教育部将六年制小学再次细分为低年级：一、二年级；中高年级：三四至五六年级，即：小学低年级、小学中高年级、初中、高中四个学段，而这四个学段的音乐课程标准分别有不同的设定。然而，1942年，教育部又将小学中高年级重新划归初中，取消了小学中高年级的独立学段，重新形成小学低年级、小学中高年级、初中、高中四个学段的划分。这次的"合"实际上是回到了1936年前的划分。这种反复的划分与合并，部分原因是当时教育体制和政策的变化所导致的。

随着中华人民共和国的成立和社会主义教育改革的推进，音乐教育也经历了一系列的变革。50年代，根据国家的教育方针和政策，学校音乐教育主要以培养爱国主义、社会主义意识和劳动观念为目标，注重集体活动和集体唱歌。此时期的音乐教育主要是通过课堂教学和校园活动来实施。

1978年以后，中国开始进行教育改革开放，音乐教育也逐渐恢复和发展。80年代至90年代，音乐教育逐渐恢复了正常的教学秩序和体系。音乐课程设置逐渐丰富，除了唱歌外，开始引入乐器演奏、音乐理论、音乐欣赏等内容。教学方法也逐渐多样化，注重培养学生的音乐兴趣和创造能力。

随着21世纪的到来，中国的音乐教育进入了一个新的阶段。音乐课程的设置更加多元化，涵盖了不同音乐流派和风格的学习内容。教学方法也更加注重培养学生的创造性思维和综合能力。同时，随着信息技术的发展，音乐教育也开始与数字化技术相结合，利用电子设备和互联网资源进行音乐学习和创作。

现代中国音乐教育注重培养学生的音乐素养和审美能力，既注重学生的音乐表演技巧，又注重培养他们对音乐的欣赏和理解能力。音乐教育的目标不仅是培养专业音乐人才，更是培养广大学生的音乐素养和审美情趣，让他们能够欣赏、理解和享受音乐。

在教学方法上，音乐教育注重学生的主动参与和实践操作，倡导学生通过实际的音乐活动来学习和体验音乐。例如，组织学生参加合唱团、乐团或合奏活动，让他们亲身参与音乐演奏和表演。同时，音乐教育也注重培养学生的创造性思维，鼓励他们进行音乐创作和表达。

此外，中国的音乐教育也积极开展国际交流与合作，与其他国家和地区的音乐教育机构进行合作交流，分享教学经验和资源。这有助于拓宽学生的音乐视野，提升他们的国际音乐素养。

总的来说，中国的音乐教育经历了多次变革和发展，从单一的唱歌教学到多元化的音乐课程设置，注重培养学生的音乐素养、审美能力和创造性思维。音乐教育在中国的教育体系中占据着重要的地位，对学生的全面发展和艺术修养起着重要的作用。

第二章 责任担当与人文底蕴：关注核心音乐素养对人的社会化发展

本章的研究旨在探讨核心音乐素养对人的社会化发展的重要性，并探讨涵养德性、文化自信与世界视野、乡土音乐在高中音乐教学中的运用以及构建特色、多元、人文的高中音乐课程等相关内容。通过深入研究和探讨，希望能够为培养具有责任担当和人文底蕴的学生、推动音乐教育的发展，作出积极的贡献。

第一节 涵养德性——基础音乐教育核心素养的根本任务

一、我国音乐教育中德育的历史沿革

（一）中国古代音乐的德育功能

中国古代音乐在德育方面发挥了重要的作用。在远古时代，音乐与舞蹈、诗歌等紧密结合，与氏族部落的图腾膜拜、典礼祭祀以及社会生活密不可分。通过祭乐舞表达对自然顺利、免于苦难的美好愿望，图腾膜拜反映了对部落统治的崇拜。随着夏朝的建立，乐舞转变为赞美统治者和皇权的工具，成为政治思想教育的手段。

在奴隶社会时期，乐舞在培养德育方面发挥了重要作用。周朝出台了严格的礼乐等级制度，通过音乐教育和培训来推广和维持礼乐等级制度。从十几岁的儿童到成人，音乐教育成为不可或缺的科目。

随着奴隶制度的瓦解，春秋战国时期出现了百家争鸣、百花齐放的思想繁

荣局面。儒家学派、道家学派等提出了各自关于音乐美学的思想。儒家注重音乐与道德的关系，强调中庸之道，评价音乐的标准是善与美。儒家强调音乐的德育功能，认为音乐能够感染人的内心情感，强调人的仁和音乐的关系。道家学派则从自发辩证法的角度分析音乐，强调音乐的内在矛盾和统一，追求无声之乐的至乐。

老庄学派主张"大音希声"和"至乐无乐"，他们在音乐上强调"意"而非"形"，追求自然、无为的观点。老庄学派对音乐的看法强调了内在的精神境界和审美规律，强调以艺术形式存活的音乐和非认识性的规律。在道家的观点中，音乐是一种超越言语和概念的表达方式，通过音乐的声音与节奏，人们可以超越现实世界的局限，融入自然的道法之中，体验到与宇宙共鸣的感觉。

总的来说，中国古代音乐在德育方面发挥了重要的作用。从氏族部落的图腾膜拜到奴隶社会的统治思想，再到儒家和道家的观点，音乐被视为一种教育和引导人们行为的工具。它通过表达情感、传递价值观念、培养美感和塑造人格，影响人们的思想和行为方式，起到了德育的功能。无论是表达社会团结与祈求自然之福的古代舞蹈，还是以礼乐制度推崇礼节和德行的周朝，又或者是强调自然与内在精神境界的道家观点，音乐在中国古代社会中都扮演了重要的角色。

需要注意的是，以上的论述主要集中在中国古代音乐的德育功能上。古代音乐的德育功能是多方面因素的综合结果，受到时代、地域、社会阶层等诸多因素的影响，因此不同的学派和个人对音乐的看法可能存在差异。

（二）中国近现代音乐的德育功能

清朝末期的废科举、兴学校、养人才、强中国的口号，确实在当时的思想中扮演了重要的角色。这一口号的提出意味着对传统制度的批判和对现代教育的重视。音乐教育在这一背景下逐渐受到人们的重视和关注。

清朝末期采取了具有划时代意义的举措，将音乐教育纳入教育法规，并明确规定音乐为学堂必修科目。根据规定，音乐教学的主要课程目的是培养学生的德性。这表明音乐教育被视为培养学生品德的重要手段，并在同期的女子小学堂和女子师范学堂的章程中得以实施。

20世纪初，大批中国知识分子和改良派前往日本留学，借鉴其引进西方文化和科技的经验，对中国的政治宣传、人民生活和学校教育产生了深远影响。梁启超是其中的一位杰出代表，他早早认识到了音乐教育在培养道德教育方面的重要性。他主张音乐是教育中不可或缺的一环，认为音乐教育有助于提高国民素质，改变国民的品质，成为改造国民的重要手段。

此外，在"五四"新文化运动中，反帝反封建的思潮达到高潮，新思潮涌现，中国的新兴文化事业呈现蓬勃发展的态势。蔡元培是当时著名的教育学家，他提出了"美育代宗教"的理念，主张美感教育作为教育的重要组成部分，通过美感教育引导人们认识世界、理解世界、进入本体世界。蔡元培的思想对于音乐教育的发展产生了深远影响。

在音乐方面，聂耳是其中的一位代表人物，他的音乐作品深受广大人民群众的喜爱。聂耳通过音乐作品表达了劳动人民的斗争意志，反映了当时社会的愚昧和不公，以及人民群众内心深处的愤怒和呼喊。他的歌曲以劳动人民为素材，采用慷慨激昂的音调，展现了劳动人民在困境中的哀鸣和呼喊。例如《开矿歌》《码头工人之歌》《开路先锋》《新女性》等作品，深深触动了广大人民群众的心灵，展现了时代革命精神和反抗情绪。他的音乐作品成为人民的音乐，具有巨大的影响力。

冼星海的代表作之一是《黄河大合唱》，该作品是在抗日战争时期创作的。冼星海曾表示，音乐是他人生中最大的快乐，音乐是陶冶一个人性情的熔炉，是生活中的一股甘甜的清泉。他认为音乐可以拯救人们摆脱苦难，达到忘我虚无的境界。同时，音乐也可以让人们忘却杀戮，摒弃野蛮，成为一种引向内心深处的信仰。冼星海的音乐作品表达了人类与天地斗争中的胜利和解放，展示了人们内心深处的呼唤和抗压的力量。

总而言之，清末至20世纪初期，音乐教育在中国经历了重要的发展阶段。从废科举、兴学校的口号开始，到留学经验的引入，再到"五四"新文化运动的影响，音乐教育逐渐被重视并与德育教育、社会变革相结合。各个时期的教育家和音乐家们不断探索音乐教育的价值，致力于通过音乐表达人民的情感、激发斗志，以及提高国民素质。这些思想和努力对于中国音乐教育的发展产生了深远的影响，并塑造了中国音乐的独特面貌。

(三)中国当代流行音乐的德育功能

中国的音乐教育在中华人民共和国成立后经历了不断的发展和变革。初期,借鉴了前苏联的音乐教育理论和实践经验,注重音乐的政治功能,强调音乐作为宣传和塑造社会意识形态的手段。然而,随着时代的变迁和社会的发展,音乐教育逐渐转向注重音乐的德育功能,即通过音乐教育培养学生的品德和审美素养。

音乐作为一种艺术形式,具有独特的表现力和情感传递能力。通过音乐教育,可以培养学生情感、表达自我、感知美的能力,并从中获得审美的愉悦和启迪。音乐教育的德育功能在于通过音乐的艺术表达和情感体验,塑造学生的道德品质、培养积极向上的情感态度,并培养他们对美的追求和珍视。

在中国,音乐教育的发展也与社会背景和教育理念的转变密切相关。改革开放以后,中国的教育改革和现代化进程为音乐教育提供了更加广阔的发展空间。音乐课程的改革和完善,使得音乐教育更加注重培养学生的审美情感体验和艺术素养。2001 年颁布的《全日制义务教育音乐课程标准(实验稿)》中明确将"以审美为核心",这一理念强调了音乐教育的审美教育价值。

音乐教育可以帮助学生培养自我价值感和自信心,提高他们的情绪管理和社交能力,培养他们对美的敏感和鉴赏能力,培养他们对文化遗产和传统文化的尊重和传承意识。

此外,通俗音乐在中国的音乐教育和德育教育中也发挥着重要的作用。通俗音乐以其旋律轻松、歌词深入人心的特点,深受广大人民群众的喜爱并广为传唱。这些通俗音乐作品往往融入了社会和时代的价值观和情感,通过歌词和旋律的传达,影响着听众的思想和情感,具有德育教育的作用。例如,《同一首歌》和《隐形的翅膀》等歌曲,通过歌词表达了对爱、友情、奋斗和人生意义的思考,激发人们的情感共鸣,并传递积极向上的价值观念。

总体而言,中国的音乐教育在发展过程中逐渐转变为注重德育功能的教育模式。通过音乐教育,可以培养学生情感、审美、道德等方面的素养,提高个人综合素质和人文精神。音乐教育也致力于培养学生的道德情操、专业素养和文化自信,以适应现代社会的需求。同时,通俗音乐作为音乐教育和德育教育的一种重要形式,通过其广泛传播的特点,影响着人们的思想和情感,起到了德育教育的作用。

二、当前中学音乐教育中德育发展的现状与挑战

中学音乐教育在推动德育发展方面确实取得了一些进步,但仍面临一些挑战。

(一)当前中学音乐教育中德育发展的现状

首先,中学音乐教育通过开展音乐鉴赏、欣赏和器乐类兴趣学习等课程,为学生提供了培养审美能力和文化素养的机会。这些课程的开展有利于学生全面发展和综合素质的提高。作为音乐老师,应该在课堂上注重营造美的教学环境,通过专业的教学能力和优美的音乐表达,激发学生的情感和审美体验。

其次,校园文化活动的丰富开展为音乐教育中的德育渗透提供了基础。通过各类艺术比赛、艺术节、音乐活动等形式,学生可以在音乐艺术文化中得到满足,提升他们的文化修养和艺术素养。作为音乐老师,应积极参与和组织校园文化活动,帮助学生发现和展现他们的音乐才华,培养他们的自信心和团队合作精神。

(二)中学音乐教育中德育发展的挑战

首先,师资力量和教育资源的不足是制约德育发展的因素之一。一些学校缺乏专业的音乐教师,导致音乐教育的质量和效果不尽如人意。此时,作为音乐老师,应不断提升自己的专业素养,积极参加培训和学习,以提高自己的教学能力。

其次,音乐教育与素质教育的整合仍需要进一步加强。虽然中学音乐教育逐渐受到重视,但在实际教学中,德育教育的目标和内容与学校的素质教育要求之间还存在一定的脱节。作为音乐老师,应该与学校其他学科的教师进行密切合作,积极探索音乐教育与德育目标的有机结合,使音乐教育能够更好地融入学校的整体素质教育体系中。

(三)社会对音乐教育的重视不够

中学音乐教育的德育发展还需要得到家庭和社会的支持。然而,目前社会对音乐教育的重视程度不够,往往将音乐教育仅仅看作是培养音乐专业人才的途径,而忽视了音乐教育对学生整体素质的培养作用。

家长和社会应该意识到音乐教育的重要性,并积极支持学校音乐活动和学生的音乐学习。家长可以鼓励孩子参与音乐学习和表演,提供良好的学习环境和资

源。社会可以提供更多的音乐教育资源和机会，支持音乐教育的发展。

（四）缺乏综合性的音乐教育课程

目前中学音乐教育中存在着音乐教育内容过于分散的问题。课程设置主要以音乐理论和技能培训为主，而德育方面的内容相对较少。缺乏综合性的音乐教育课程，使得学生难以全面了解音乐的内涵和艺术价值，无法深入体验音乐的情感和表达。

因此，中学音乐教育需要加强综合性课程的设计，将音乐理论、技能培训和德育目标有机结合起来。课程应该注重培养学生的音乐鉴赏能力、创造力和表达能力，引导学生通过音乐感受美、表达情感、培养审美情操。

（五）缺乏有效的教学资源和设施

中学音乐教育的德育发展还面临着教学资源和设施的不足。一些学校的音乐教室和设备条件较差，无法提供良好的教学环境。教学资源和音乐器材的缺乏限制了学生的实践和创新能力的发展。

为了改善这一情况，学校和教育部门应该加大对音乐教学资源和设施的投入，提供良好的教学环境和条件。此外，可以通过与社会资源的合作，开展音乐教育的外部拓展，为学生提供更多的学习机会和资源。

（六）缺乏科学的评价体系和方法

在音乐教育中，评价是德育发展的重要环节。然而，目前中学音乐教育中的评价体系和方法往往过于侧重于知识技能的考核，忽视了德育目标的评价。仅仅通过一次考试或简单的测试，很难全面了解学生在音乐德育方面的发展情况。

因此，中学音乐教育需要建立科学的评价体系和方法，将德育目标纳入评价的范畴。评价应该包括对学生音乐素养、音乐情感和音乐品格等方面的考察。可以采用多样化的评价方式，如个人表现评价、作品评价、团队合作评价等，全面了解学生在德育方面的成长和发展情况。

此外，评价不仅仅是对学生的考核，还应该为学生提供改进和成长的机会。教师可以通过评价反馈，指导学生的学习和发展，帮助他们发现自己的不足并加以改进。

总之，中学音乐教育在德育发展方面仍然面临一些挑战和问题，但通过加强师资队伍建设、提供实践机会、建立科学的评价体系和方法以及增加社会的支持和重视，可以进一步促进中学音乐教育的德育发展，培养学生成为具有良好音乐素养和品格的公民。

三、针对中学音乐教育德育现状提出的对策

（一）提高音乐教师的自身素质

在中学音乐教育中，渗透德育是非常重要的，而提高音乐教师的自身素质是实现这一目标的关键之一。

1. 道德榜样

音乐教师应该成为学生的道德榜样。他们需要展现出正直、诚实、责任感和公正的品质，需要具备尊重他人和团队合作的精神。通过自身的言行举止，音乐教师能够在学生中树立起积极向上的道德标准，激励他们发展良好的品德。

2. 情感教育

音乐教师应该培养学生对音乐的热爱和感情投入。他们需要具备情感表达和情感引导的能力，通过音乐表演和解读，帮助学生理解音乐作品中的情感内容，并鼓励学生表达自己的情感。同时，音乐教师也应该倾听学生的情感需求，给予他们关怀和支持，帮助他们发展积极的情感态度。

3. 道德教育

音乐教学可以成为培养学生道德品质的有效途径。音乐作品中传递的价值观念和情感内容可以引导学生思考和反思人生的意义和目标，培养他们的审美情操和道德观念。音乐教师应该注重选择有积极价值观念的音乐作品，引导学生从中获取道德启迪，培养他们的公民意识和社会责任感。

4. 团队合作与社交技巧

音乐教师应该鼓励学生通过合作演奏和合唱等集体音乐活动，培养他们的团队合作精神和社交技巧。音乐教师可以通过组织团队活动、分工合作以及互相

尊重和支持等方式，培养学生的合作意识和团队意识，帮助他们学会与他人和睦相处。

5. 道德冲突解决

音乐教师还需要教导学生如何应对道德冲突和困境。在音乐学习和表演过程中，学生可能面临道德选择和决策的情境。

音乐教师可以通过讨论和引导，帮助学生分析和解决道德冲突，培养他们的道德判断和决策能力。教师可以通过提供情境和案例，引导学生思考不同选择的后果和影响，并鼓励他们坚持正确的道德价值观。

6. 教育伦理

音乐教师应该具备教育伦理的观念和行为准则。他们需要尊重学生的个性差异，关注学生的成长和发展，不偏袒和歧视任何学生。同时，他们也应该保护学生的隐私权和尊严，遵循教育的专业道德标准。

7. 综合素质发展

音乐教师自身的综合素质对于渗透德育也至关重要。他们需要具备音乐专业知识和教学技能，能够针对学生的需求进行个性化的教学设计。此外，他们还需要具备良好的沟通能力、管理能力和领导能力，以有效地组织和管理音乐教学活动。

总而言之，提高音乐教师的自身素质对于在中学音乐教育中渗透德育至关重要。音乐教师应该成为学生的道德榜样，注重情感教育和道德教育，培养学生的团队合作和社交技巧，引导学生解决道德冲突，并且具备教育伦理的观念和行为准则。只有具备高水平的综合素质的音乐教师，才能够有效地在音乐教育中促进学生的德育发展。

（二）加强美育在德育培养中的作用

音乐教育中的美育在德育培养中起着重要的作用。通过音乐教育，可以加强对学生审美情感的培养，使他们的生活更加丰富多彩，充满真善美。

同时，我们也要意识到过分注重知识技能的掌握会带来一些问题。一些传统的教学模式过于强调教师的教学，而轻视学生的参与体验和音乐实践活动。这种单一的教学模式容易导致学生对音乐课的兴趣下降。因此，我们应该倡导一种更加综合的教学方法，注重培养学生的综合素质，促进他们的创造思维发展，培养完善的人格。

音乐教育是培养创造力的重要途径之一。通过学习音乐，学生能够理解和欣赏具有审美价值的音乐作品，并有机会参与音乐美的创造。

综上所述，美育在德育培养中的作用不可忽视。通过音乐教育中的审美教育，能够加强学生的审美情感培养，提高他们的综合素质，激发他们的创造力，进而促进他们的德育发展。

（三）加强学生的艺术实践

中学音乐教育可以通过一系列的德育实践来加强学生的德育教育。以下是一些具体的方法和措施。

1.培养学生的良好品德

音乐教育可以通过选取具有积极正面价值观的音乐作品，引导学生理解和欣赏其中所传递的道德信息。教师可以通过音乐作品的解读、分析和讨论，引导学生反思和探讨人生价值观、社会责任感等议题，培养他们的良好品德和道德观念。

2.促进团队合作与社会责任感

音乐教育中的合唱团、乐团等集体演出活动是培养学生团队合作和社会责任感的良好机会。学生在集体演出中需要相互协作、互相支持，培养团队精神和集体荣誉感。此外，可以组织学生到社区、学校或其他场所进行义务演出，通过音乐表达对社会的关爱和奉献精神，增强学生的社会责任感。

3.引导学生通过音乐表达情感和情绪

音乐是一种表达情感的艺术形式，可以帮助学生认识和处理自己的情感和情绪。音乐教育可以提供一个安全的环境，鼓励学生通过音乐表达内心的感受，培养他们的情感表达能力和情绪管理能力。通过创作音乐、演唱歌曲等方式，学生可以将自己的情感转化为音乐作品，进而理解和关注他人的情感，培养同理心和互助精神。

4.探索文化多样性与尊重他人差异

音乐是不同文化的重要组成部分，通过学习和欣赏不同文化背景的音乐作品，可以帮助学生拓宽视野，增强对文化多样性的认知和尊重。教师可以组织学生了解和学习不同国家或地区的音乐文化，通过音乐交流和合作，促进跨文化交流和理解，培养学生的国际视野和包容性思维。

5.培养学生的审美情趣和艺术鉴赏能力

音乐教育可以培养学生的审美情趣和艺术鉴赏能力，这也是德育实践的一部分。通过音乐欣赏和分析，可以培养学生对美的感知和理解能力，提高其审美品位和艺术鉴赏能力。教师可以引导学生学习不同音乐风格和流派，欣赏不同时期和文化背景的音乐作品，培养他们对音乐的敏感度和理解力。同时，教师还可以组织音乐展览、音乐会等活动，让学生亲身体验艺术的魅力，提升他们的审美素养和文化修养。

综上所述，中学音乐教育可以通过培养良好品德、促进团队合作、引导情感表达、探索文化多样性以及培养审美情趣和艺术鉴赏能力等方式，加强学生的德育实践。这些德育实践不仅能够培养学生的道德观念和社会责任感，还能够提升他们的情感表达能力、跨文化交流能力以及审美素养。

（四）营造良好的校园文化氛围

1.大力加强校园精神文明建设

中学校园精神文明建设是指在中学校园内，通过各种措施和活动，培养学生的良好品德和道德观念，促进学生全面发展的过程。以下是一些可以促进中学校园精神文明建设的重要方面。

（1）倡导文明礼仪

学校应该注重培养学生的文明礼仪意识，包括尊重师长和同学、文明用语和行为规范等。通过开展礼仪教育和相关活动，引导学生形成文明、礼貌的行为习惯。

（2）弘扬正能量

学校要创造积极向上的校园文化氛围，鼓励学生主动参与社会公益活动、关注他人、传递正能量。倡导勤劳、友善、乐观、包容等积极的价值观,激励学生发展积极心态和积极行为。

(3)加强道德教育

学校应注重培养学生的道德品质和道德意识。通过课堂教育、校园活动、德育实践等多种形式,引导学生树立正确的价值观念,并将道德观念融入到学习和生活中。

(4)丰富文化活动

学校可以组织各类丰富多彩的文化活动,如音乐会、戏剧表演、艺术展览等,提供学生展示自我的平台。通过参与文化活动,能够培养学生审美情操、增强学生文化素养,同时也有助于塑造校园的良好文化氛围。

(5)建设和谐校园

学校要注重营造和谐的校园环境和人际关系。加强班级管理,鼓励同学之间相互尊重、团结互助,倡导友好相处和公平竞争。同时,加强师生沟通,构建和谐师生关系,让学生在和睦的氛围中健康成长。

总之,中学校园精神文明建设需要学校、家庭、社会的共同努力,通过培养学生的良好品德和道德观念,形成和谐的校园氛围和健康的人际关系,为学生的全面发展和社会的进步做出贡献。这一过程不仅仅是知识的传授,更是价值观念的塑造和人格的培养。

2. 优化中学音乐社团的组织与引导

《音乐大纲》指出,音乐教育应将思想教育融入音乐艺术之中。这意味着音乐教育不仅仅关注音乐技能和知识的传授,更重要的是通过音乐艺术来培养学生的情感、思维和精神境界。[1]

《新课程标准》进一步强调了音乐教育实现"育人"目标的重要性。音乐教育不仅仅是为了培养学生的音乐审美能力,更重要的是对人的性情进行陶冶和心灵的净化。古希腊哲学家柏拉图认为,音乐的节奏和旋律具有强大的力量,可以深入人心最深处,使人的心灵得到美化。[2]

---

[1] 李洪.培养初中生音乐鉴赏能力的策略探究[J].中学课程辅导,2022(35):99-101.
[2] 庄云吉.现代化学校办学策略[M].杭州:浙江人民出版社,2001.

第二节　文化自信与世界视野——弘扬民族民间音乐，尊重理解多元音乐文化

一、开展以多元文化为核心的中学音乐教学

（一）结合多种教学方式，对学生进行音乐教学

通过贯彻多元文化的教学理念和运用多元文化的教学手段，可以优化中学音乐教学，让学生在时间和空间层面得到更全面的音乐教育。这不仅能够提高学生的音乐素养和鉴赏能力，还能使他们将音乐融入生活，拥有更丰富的学习体验。

（二）通过其他教学内容，拓展音乐教学

在开展多元文化音乐教学时，我们应该将学习生活与音乐教学相融合，使教学内容更加丰富。通过整合学习生活与音乐教学，融入其他音乐要素，并运用多元文化的教学方法，我们可以实现多元文化音乐教学的目标。这不仅丰富了教学内容，还提升了学生的音乐知识和个人发展，同时激发了学生的学习兴趣，提高了学生的参与度。

（三）从学生角度出发，改变教学目标

对于音乐教学的定位问题，传统音乐教学的理念可能存在一定的偏激性，无法客观、理性地看待。一些学者认为，音乐教学只是其他教学的辅助和补充，没有被充分重视，导致音乐教学边缘化的问题，进而影响了音乐课程的安排和设置。我们应将音乐文化学习视为一项终身性的学习，让学生在日常生活中不断学习音乐，使其综合能力全面提升，拥有良好的生活质量和音乐素养。

因此，在音乐教学中，我们需要摒弃传统的片面观点，以培养学生的兴趣和提升他们的音乐素养为核心目标。同时，采用多元化的教学方法，激发学生的学习热情，使他们在音乐学习中体验到乐趣，从而促进其综合素质的全面发展。

二、理解与传承多元文化、民族音乐的措施

在多元文化音乐教学中，学生应被视为教学的中心，教师则应扮演引导者和协助者的角色。教师应通过精心设计的教学方案和案例引导，将多元文化融入音乐教学，促使学生在尊重多样性、培养关爱之心等方面得到全面发展。

教师还应积极倡导学生之间的交流和合作。通过小组活动、合唱团体等形式，鼓励学生共同创作和演绎多元文化音乐作品，培养学生团队合作和跨文化交流的能力。教师可以提供支持和指导，激发学生的创造力和表现力，让学生在合作中相互学习、尊重和欣赏彼此的不同文化。

此外，教师还可以充分利用现代科技手段，如音乐软件、互联网资源等，拓展学生的学习资源。通过引入多元文化音乐的视频、音频和在线学习平台等工具，学生可以深入了解各种文化背景下的音乐形式和表达方式，从而培养他们的音乐鉴赏能力和跨文化意识。

综上所述，在多元文化音乐教学中，教师的角色是引导者和协助者，学生是课堂的主体。通过合理的教学设计、案例引导、合作交流和科技支持等手段，教师能够将多元文化融入音乐教学实践中，促进学生全面发展，培养他们的音乐素养和跨文化意识，使他们在音乐世界中享受学习的乐趣，成为具备优秀音乐素质和综合能力的学习者。

三、增加多元文化的音乐课程内容

（一）转变传统的教学观念

作为音乐教师，首先需要重新认识自己的角色和责任，将音乐教学放在首要位置，与学生的全面发展紧密结合。为了有效地进行多元文化音乐教学，必须改变过去的教学方式。

其次，教师要摆脱对欧洲音乐教学体系的依赖，勇于创新教学理念。长期以来，我们过于偏重西方音乐教学模式，但需要意识到的是，中国的民族音乐与西方音乐有着很大的差异。因此，要积极推进多元文化音乐教学，容纳和融合各种不同类型和风格的音乐。在转变教学理念的过程中，要高度重视音乐教学的重

第二章 责任担当与人文底蕴：关注核心音乐素养对人的社会化发展

要性，平等看待各种音乐文化的价值，并全面推行多元文化音乐教学活动。随着音乐教学的发展，音乐人文学科也在不断完善，这对于推动音乐教学具有积极的影响。

此外，教师应该调整自己的教学观念，不仅仅是注重培养学生的音乐技能。除了提升他们的音乐技巧，更重要的是让学生了解更多不同的音乐文化，真正实施多元文化音乐教学，承认和接纳世界各地不同的音乐形式。我们应该引导学生以平等的心态去欣赏和学习音乐，培养他们的音乐素养和欣赏能力。

（二）增加多元文化的音乐课程内容

1. 引入世界各地的音乐风格

在音乐课程中，不仅仅局限于传统的中国音乐或西方音乐，还可以引入来自不同地区和文化的音乐风格，例如非洲音乐、拉丁音乐、印度音乐等。通过学习和演奏这些风格不同的音乐，可以扩展学生的音乐视野，增加他们对多元文化的理解和欣赏。

2. 学习多种乐器和演奏技巧

音乐课程可以提供多种乐器的学习机会，如竖笛、非洲鼓等。通过学习不同乐器的演奏技巧，学生可以接触不同文化背景下的音乐表达方式，并丰富自己的音乐技能。

3. 探索民族音乐和民间音乐

音乐课程可以深入研究中国各个民族的传统音乐，了解不同民族的音乐特色和文化背景。同时，也可以探索民间音乐的丰富内容，如民歌、民间舞蹈等，以了解人民群众的音乐创作和表达方式。

4. 引入跨学科的内容

音乐课程可以与其他学科进行跨学科融合，例如音乐与历史、音乐与文学、音乐与视觉艺术等。这样可以帮助学生更好地理解音乐在不同文化和历史背景下的地位和作用。

5. 鼓励学生的创造性表达

除了学习和演奏已有的音乐作品，音乐课程还应该鼓励学生进行创作和表达。

学生可以尝试创作自己的音乐作品,结合多元文化元素,展现他们对多元文化的理解和创造力。

通过增加多元文化的音乐课程内容,可以帮助学生更全面地认识和欣赏世界各地的音乐,培养他们的跨文化意识和审美能力。同时,也可以促进文化交流与融合,丰富音乐教育的内容,提升音乐教育的价值。

(三)转变传统的授课方式、提高教学效率

中学多元文化音乐教学需要考虑到中学生这一特殊群体的特点,转变传统的教学方式,激发学生的学习热情和主动性,培养良好的音乐学习习惯。

教师可以有效整合音乐鉴赏和音乐理论的教学,让学生在放松的状态下真正享受学习音乐的乐趣。此外,教师还可以将音乐教学与其他学科整合,拓宽学生的视野,使其能够理性看待音乐文化,形成多元化的文化意识。

中学多元文化音乐教学应从不同角度入手,结合学生特点进行教学。教师应揭示文化和音乐的联系,引导学生从文化的层面理解和分析音乐,并对比不同的音乐文化,以培养学生的音乐欣赏能力和接纳不同音乐文化的能力。同时,教师要考虑社会文化背景,整合教学内容,让学生在放松的状态下享受音乐学习的乐趣,并将音乐教学与其他学科结合,拓宽学生的视野,培养其多元化的文化意识。通过这样的教学方式,让中学生能够更好地理解和欣赏多元文化音乐的价值,从而可以培养他们的审美能力和跨文化交流能力。

因此,在多元文化音乐教学中,教师应充实教学内容,引导学生理解音乐与文化的关系。教师应在课堂中引入世界各地的音乐文化,让学生通过表演、概念解释、欣赏和综合性学习等方式来体验和理解多元性音乐艺术的知识。同时,教师应关注中学生的特点,采用适合他们的教学方法,激发他们的学习热情和主动性,培养他们的音乐学习习惯。教师应引导学生理解音乐与文化的联系,通过合适的教学方法和丰富的教学内容,培养学生的音乐欣赏能力、跨文化交流能力和审美能力,以适应当今多元化的社会环境。

(四)遵循多元文化音乐教学的基本方式

首先,多元文化音乐教学强调基于世界音乐,重视民族传统音乐的独特价值。它将音乐艺术视为一种特殊的人类文化形式,在全球范围内存在许多具有同等价

值的音乐文化体系。不同地区、民族和国家也可能拥有不同的音乐文化。音乐具有多种类型、形态和风格，但它们都具有同等的价值。

其次，多元文化音乐教学的教学目标是理解多元化，提升学生的音乐鉴赏能力。传统音乐教学过于注重学生掌握音乐技能，而在多元文化音乐教学中，教学目标应转变为学生理解和接受多样性音乐文化。[①]

最后，多元文化音乐教学应采用注重音乐鉴赏的教学方法。教学方法的选择应有助于提升学生的音乐鉴赏能力。多元文化音乐教学注重培养学生对不同音乐文化的理解和欣赏能力。教师可以通过多种方式来实施音乐鉴赏的教学，如听音乐作品、观看演出、学习音乐历史和背景等。通过这些活动，可以让学生更好地了解不同音乐文化的特点和魅力，并培养他们对多元文化音乐的欣赏能力。

在教学过程中，教师可以采用一些具体的教学策略来帮助学生提升音乐鉴赏能力。首先，教师可以引导学生进行主动参与，例如让学生参与音乐演奏或合唱活动，让他们亲身体验音乐的魅力。其次，教师可以组织音乐鉴赏活动，如组织学生一起去听音乐会或观看音乐剧，让学生在实际的音乐演出中感受不同文化的音乐艺术。此外，教师还可以通过引导学生进行音乐作品分析和评价，培养学生对音乐的深度理解和批判性思维能力。

除了教学方法和策略的选择，多元文化音乐教学还需要重视教学资源的丰富和多样性。教师可以利用多种资源，如音乐录音、视频资料、图书和互联网资源，来支持多元文化音乐教学的实施。通过丰富的教学资源，学生可以更加全面地了解不同音乐文化，增加对音乐的理解和提高欣赏能力。

四、培养多元文化下的音乐教学

（一）构建多元文化音乐教学理论

在当前教育发展趋势下，多元文化音乐教育的重要性不可忽视。在多元文化教育领域中，美术和音乐等学科具有突出的代表性，能够融合和兼容不同的文化。然而，目前国内中学的多元文化音乐教学普遍存在问题，其中教师素养是一个重要的影响因素。

[①] 李琪. 新时代高中音乐课程教学的实践与思考 [J]. 成才之路，2022(11):99-102.

在构建多元文化音乐教学理论体系时，应综合不同层面的知识和经验。教师们应当积极整合一线教学经验，并结合教育专家的理论研究成果，从而构建一个全面、系统的多元文化音乐教学理论体系。

为了确保多元文化音乐教学的有效实施，教师需要接受相关培训，不断提升自身的专业素养，其中包括参加研讨会、培训班和教学研究活动等。通过这些方式，教师可以与同行进行交流和分享，增加对多元文化音乐教学的理解和认知，拓宽教学视野，提高教学质量。

此外，教师还可以利用现代技术手段和教育资源，如音乐软件、网络资源和多媒体设备，来支持多元文化音乐教学。这些工具可以帮助教师呈现出不同文化背景的音乐作品，从而激发学生的兴趣和参与度，促进跨文化交流和理解。

总的来说，多元文化音乐教育需要教师具备坚实的理论基础，并将其与实践经验相结合。教师应积极参与专业发展活动，不断提升自身的教学素养。同时，利用现代技术和教育资源，教师可以创造出丰富多样的教学环境，促进学生对多元文化音乐的理解和欣赏。通过这样的努力，多元文化音乐教育可以更好地融入学校教育体系，培养学生的跨文化意识，提高学生的音乐素养。

（二）培养音乐教师的综合素质

构建多元文化音乐教学理论对指导实践音乐教学具有重要意义。作为教师，扮演着至关重要的角色，能够向学生传授音乐理论，帮助他们形成正确的音乐学习观念。

为了提高教学质量，学校应重视培养音乐教师的综合素养，通过设立培训课程、进行在职培训以及支持教师的学习和自我完善，确保他们在多元文化音乐教学中具备扎实的理论基础和专业技能。这样的努力将促进多元文化音乐教育的有效实施，培养学生的音乐素养和跨文化意识。

（三）将多元文化音乐教学融入教学实践中

在多元文化音乐教学中，教师的角色是引导者和辅助者，学生是课堂的主体。通过合理的教学设计、案例引导、合作交流和科技支持等手段，教师可以将多元文化融入音乐教学实践中，促进学生全面发展，培养他们的音乐素养和跨文化意识，让他们在音乐的世界中享受学习的乐趣，成为具备良好音乐素质和综合能力的学习者。

（四）结合中学课程，加强与多元文化音乐的关联性

1. 跨学科融合

将多元文化音乐与其他学科进行有机结合，例如历史、地理、文学等。在相关学科的教学中引入多元文化音乐的案例和背景，让学生在学习其他学科的同时了解不同文化的音乐表达方式和历史背景。

2. 多元文化音乐的创作与表演

鼓励学生在音乐课程中进行多元文化音乐的创作和表演。学生可以选择自己感兴趣的多元文化音乐风格，进行合作创作或个人表演，表达对不同文化的理解，锻炼自己的表达能力。

3. 多元文化音乐的欣赏与评析

引导学生欣赏和评析来自不同文化的音乐作品。通过有针对性地听课活动，学生可以学习分析多元文化音乐的特点、表达方式和背后的文化意义，提高自身对音乐的理解能力和欣赏能力。

4. 多元文化音乐的实地考察

组织学生观看音乐演出、音乐展览或参与文化交流活动，深入感受多元文化音乐的现场表演和交流。通过实地考察，学生可以亲身体验不同文化音乐的魅力，培养自身的跨文化交流能力和开放思维。

5. 多元文化音乐的研究项目

鼓励学生在音乐课程中开展多元文化音乐的研究项目。学生可以选择感兴趣的文化或音乐风格进行深入研究，了解其发展历程、特色和影响，锻炼对多元文化音乐的深入理解能力和学术能力。

通过加强与多元文化音乐的关联性，中学课程能够提供更广阔的音乐学习空间，培养学生的跨文化意识、创造力和批判性思维。同时，也能够促进学生对不同文化的尊重和包容。

第三节 乡土音乐在高中音乐教学中的运用

一、以普通学校音乐课程为载体

（一）普通学校音乐教育的基础性

民间音乐教育不应仅限于专业领域，学校教育应发挥重要作用，确保各个年龄段的学生都能够感知不同地域的风貌以及与自身相关的人文关怀。学校音乐教育的努力，使民间音乐的文化价值能够得以传承和发展，同时为学校音乐教育的创新提供了契机。

（二）民间音乐在普通学校音乐课程中的重要性

在目前的教育环境下，普通音乐教育需要注重培养学生的创造力和个性发展。应该给予学生更多的自主选择权，让他们能够找到自己喜欢的音乐风格和方式。通过民间音乐教学，让学生可以体验到丰富多样的音乐形式，从而培养他们的独立思考能力和审美情趣。

此外，普通音乐教育也应该注重德育的培养。除了传授音乐知识和技能，还应该关注学生的品德教育。通过民间音乐的教学内容和实践活动，可以引导学生树立正确的价值观，培养他们的公民意识和社会责任感。

针对当前普通音乐教育的问题，还需要寻找更多的教学方法和策略，以激发学生的兴趣和参与度。通过创造性的教学手段，如音乐游戏、合作演奏和创作活动，可以使学习过程更加生动有趣，从而促进学生的综合能力发展。

总之，普通音乐教育是一项具有重要意义的工作。通过将民间音乐纳入普通音乐课程，可以更好地实现学生的个性化发展，培养他们的审美情趣和品格修养。同时，教育者也应该不断探索创新的教学方法，使音乐教育更加富有趣味性和启发性，为学生提供全面发展的机会。

二、民间音乐作为认识自我的途径

（一）观照精神世界

现代社会中人们追求虚拟空间，却忽视了周围真实可感知的事物的价值，使人们与现实的联系逐渐消失。这种现象与现代工业社会的兴起、传统的反思与习惯的改变有关，导致人们失去了历史感和对未来的渴望。在高度规划和便利性的束缚下，个体与社会系统之间的关系也变得复杂，有时需要顺应社会系统，有时又需要追求独立的信念和生活方式。综合来看，这些观点共同揭示了对虚拟网络、历史感和未来感的思考，并探索了个体在现代社会中与社会系统的互动关系。

在一个评价标准趋同的社会中，人们只有找到适合自己的上下限，同时在社会和自然之间取得平衡，并有勇气和智慧去做出选择，才能获得相对的自由感，获得生活的主动权。这个上下限对每个人都是不同的。要理解自己，这是人生中最重要的工作。哲学中首次出现了对自我的认识概念，比如亚里士多德认为自我是灵魂，是一个纯粹的主动实体，包含了个体知觉的集合。奥古斯丁提出了深层次的问题："我到底是谁？"，这让后来的研究者们对自我展开了深入的分析。然而，自我是一个复杂的概念，不同学者对自我的定义和理解存在差异。在过去，自我研究主要集中在哲学领域，而随着时间的推移，心理学家也开始对自我进行研究。

自我是个体对自身的感觉和认识，包括对自己心理状态的了解。它不是一个独立的个体，而是与外界相互联系的。人们可以通过反思和自省来了解自己，这是现代心理学中经常讨论的问题。

在19世纪后期，有学者提出了自我主要包括自我期望和纯粹自我两个方面，并认为这些自我是可以进行实证研究的。自此之后，自我成为心理学家们研究的热门话题。

认识自己不可与艺术相脱离，艺术提供了一种独特的方式来体验和理解世界。人们可以通过语言分享和讨论，但语言无法完全替代亲身感受。艺术符号赋予了人类交流和共享的强大手段，其中审美感受是重要的一部分。不同的人对审美体验有不同的看法，这受到环境和文化的影响。

音乐是一种时间艺术，但它也蕴含地理空间的概念和想象力。音乐可以唤起地域感，通过集体表演和影像制品等方式，激发集体记忆，展现不同地区的地域经历。民间音乐在地域方面具有独有的特征，它可以帮助人们探索自身的位置和环境，同时组织集体记忆，成为社会个体的依据。

体验自然和艺术，尤其是通过民间音乐，可以开启人们与内在世界和外部世界的对话。民间音乐融合了自然的声音和人类的创造力，将其带入一种纯粹而深邃的体验之中。通过感受、学习和了解民间音乐，人们能够亲身体验自然之美、世界之大和生命之多元。

民间音乐常常源自人们与自然的紧密联系，表达了对自然的敬畏和对生命的理解。它传递着自然界的声音，例如动物的鸣叫、风的呼啸等，使人们感受到自然的力量和美妙。通过与民间音乐互动，人们能够深入体验自然的存在，重新认识自己在宇宙中微不足道的位置，从而培养起对自然的敬畏之情。

此外，民间音乐也承载着世界各地不同文化的多样性和人们的情感表达。它是一种跨越国界和语言的共通语言，让人们了解和尊重不同文化的音乐形式和表达方式。通过学习和欣赏民间音乐，人们能够拓宽自己的宇宙观、世界观和人生观，超越个人的局限性，增进对他人多样性和选择的尊重。

同时，民间音乐也激发了人们对自己内心世界的思考和探索。它唤起人们对生活中的伤痛和喜悦的共鸣，引发对自身存在和意义的反省。通过民间音乐的表达和欣赏，人们可以重新审视对世界、人生和自我的认知，培养更广阔的视野和更深刻的体验。这样的体验使人们能够更加勇敢地面对人生的挑战，勇敢做真正的自己。

总而言之，通过艺术、反思和体验自然，人们可以加深对自己的了解和认知。这种自我认知的深化有助于其更好地理解自己的内在世界，包括情感、思维和行为的驱动力。它也为人们建立积极的自我形象、塑造个人身份和发展个人潜力提供了基础。通过与艺术和自然的互动，人类可以追寻真正的自我，并在人生的旅程中找到更多的人生意义和满足感。

（二）调整学习方式

现今，人们在获取知识方面过于依赖视觉和听觉，通过电子设备和信息渠道来学习新知识。虽然这种方式提高了学习效率，但它无法完全替代其他感官活动的重要性。因为知识不仅仅是关于事实的信息，还包含了更多的内涵。

举例来说，音乐无法直接传达视觉和语义内容，所以人们更倾向于听有歌词的流行音乐，而不是纯音乐。这导致了流行音乐被误认为是高深难懂的音乐。实际上，幼童在听音乐时能够通过肢体表达对音乐的理解，因为他们可以通过联觉现象将听觉与其他感官连接起来。联觉是指一个感觉器官受到刺激后引起其他感觉器官的心理活动，通过联觉，音乐可以表达形象、场景、情绪、思想和哲理等听觉之外的东西。因此，不同的人对同一首音乐会有不同的感受，这是音乐最大的魅力之一。

人类的学习经历可以分为浪漫阶段、精确阶段和综合阶段。对于乡土音乐的学习而言，许多学生直接进入了精确阶段的学习，努力理解教科书上的定义和定理，这种学习方式并不容易。人们需要一种沉浸式的体验，可以是亲身体验，也可以是通过文学、电影等方式的沉浸式体验。在这种体验中，人们能够全心投入，记忆其中的细节。实际上，人类的大脑更适合通过体验学习，特别是经历强烈体验后更能有效地学习。

目前的教室学习方式是最困难的学习模式，它并不能满足所有人的学习需求。因此，在学习民间音乐时，需要全景式教育，不仅在课堂中教学，还需要课堂之外的生活体验。教育不仅关乎对与错，更重要的是发挥想象力去认知，同时需要注意到那种"自然而然"的学习过程。

因此，老师可以使用民间音乐的材料来帮助学生逐步了解、探索和学习相关理论，最后进行回顾和反思，以符合他们的学习方式和规律。

教师可以通过引入民间音乐的音频、视频和歌曲等素材，让学生通过感知来体验音乐的魅力和多样性。他们可以聆听不同地区的民间音乐，欣赏不同风格和传统的曲调，感受音乐所表达的情感和文化内涵。通过感知民间音乐，学生可以培养对音乐的兴趣和好奇心，激发他们对学习的积极性。[1]

接下来，老师可以引导学生进一步探索民间音乐。他们可以学习音乐的基本元素，如节奏、旋律、和声等，并探索不同乐器的声音和演奏方式。学生可以参与音乐活动，如合唱、合奏或舞蹈，通过亲身体验来加深对音乐的理解和记忆。这种实践性的学习可以帮助学生建立与音乐的情感连接，并培养他们的创造力和表达能力。

在探索的基础上，老师可以引导学生学习有关民间音乐的理论知识，学习音乐的历史背景、文化意义以及作曲家和演奏家的故事。通过学习理论知识，学生可以更好地理解音乐的发展、演变过程以及音乐与社会、文化之间的关系。

最后，老师可以组织回顾和反思的活动，帮助学生巩固所学的知识，并加深

---

[1] 王亚超. 论立德树人背景下的小学音乐教学的德育渗透[J]. 吉林教育，2022(04):46-47.

对民间音乐的理解和欣赏。学生可以分享自己的学习心得和体会，回顾他们在感知、探索和学习过程中的成长和收获。通过回顾和反思，学生可以加深对音乐的理解和记忆，并培养批判性思维和自我评价的能力。

综上所述，通过利用民间音乐的素材，教师可以创设丰富多样的学习环境和体验，让学生从感知到探索，再到学习理论，最后进行回顾反思。这种综合性的学习过程可以顺应学生的学习规律，培养他们对音乐的理解、欣赏和创造能力，同时也促进他们的情感发展和个性成长。

（三）理解民族情感

爱国是一种人类早已存在的最古老的民族情感，也是我们从小到大、时时刻刻都拥有的情感。爱国主义是随着人类社会发展到一定历史阶段而产生的一种情感。爱国主义主要指对自己的国家忠诚，对自己的祖国具有深厚的感情。爱国主义情感是民族情感之间关联的重要枢纽，也是国家发展和社会建设的根本动力。

爱国主义教育是指培养人们的爱国情感和国家意识，让人们热爱自己的国家，为国家的繁荣和发展贡献力量。爱国主义教育需要通过不同的途径和方法进行。在中国，教育部门已经提出了关于加强爱国主义教育的指导意见，并建议在学校的德育工作中深入展开集体教育和爱国主义教育。乡土教育资源是开展爱国主义教育的重要资源，可以通过学生的日常生活、家乡的地理文化、历史和音乐等方面进行教育。

爱国主义教育的材料应该与学生的日常生活和家乡相关，以便更容易引起学生的认同和接受。通过学习家乡的历史和音乐，学生可以更深入地了解家乡的环境、名胜古迹、人文风情和历史人物，从而产生对家乡的热爱之情和自豪感。乡土教育的目的是让学生对乡土知识产生亲切感，从而培养爱乡情感，这是产生爱国情感的核心基础。

爱国主义教育需要了解和认识家乡，通过乡土音乐等乡土材料调动学生的爱国情感。音乐具有非语义性的特点，可以通过对听众的联想和想象激发情感共鸣，从而实现对爱国主义情感的教育。

第四节　社会交往价值的实现必须构建特色、多元、人文的高中音乐课程

一、审美感知与基本能力的展示

（一）感受音乐激发兴趣

有学者曾经强调过，如果一个人对所学的知识没有远大的志向和浓厚的兴趣，心思不在其中，那么他的学习成果将是有限的。缺乏对所学知识的兴趣会让学习变得乏味，从而阻碍了对知识的深入研究。因此，兴趣是学生学习的动力，也是保证学生对音乐充满热情的关键。在高中音乐教学中，特别是在实施"新课标"过程中，通过教学案例可以有效地激发和培养学生的兴趣。

（二）聆听作品丰富情感

聆听音乐作品可以丰富人们的情感体验。音乐是一种强大的表达工具，能够触动人们内心深处的情感，引发喜悦、悲伤、激动、平静等各种情绪。通过仔细聆听作品，可以进一步感受作曲家或演奏者所传达的情感和意图。

音乐作品往往以旋律、和声、节奏和表演技巧等多个方面来构建情感氛围。旋律的起伏和变化可以激发人们的兴奋和激动情感，和声的复杂性和和谐度可以唤起内心的平静和安宁，而节奏的强弱和变化可以引发节奏感和动感。同时，演奏者的技巧和表达方式也能够赋予音乐作品更深刻的情感色彩，让人们更加投入其中。

通过聆听作品，可以与作曲家或演奏者产生共鸣，分享他们所表达的情感和经历。作品中的旋律、和声和节奏等元素可以成为人们情感表达的媒介，帮助其释放和表达自己的情感。有时候，作品中的悲伤旋律可以成为人们倾诉忧伤的出口，而欢快的节奏则能够让人们感受到生活的活力和快乐。

此外，不同类型和风格的音乐作品也能够触发不同的情感体验。古典音乐的庄严和深情，流行音乐的活力和时尚，民间音乐的朴实和自然，都能够在不同的情境下引发人们特定的情感共鸣。通过聆听不同类型的作品，能够使人开阔自己

情感的领域，丰富自己的情感体验。

因此，聆听作品是一种富有意义的活动，能够帮助人们深入体验丰富多样的情感。它可以激发出内心的共鸣，引发不同的情绪和体验，让人们的内心情感更加丰富和充实。无论是在欢乐时光还是在困难时刻，聆听作品都可以成为人们情感表达和宣泄的重要途径。

现在以高中音乐课堂的鉴赏课为例，讲讲如何教授贝多芬的《第九交响曲第四乐章（欢乐颂）》。

首先，来分析一下教材。贝多芬在1824年完成这部作品并进行首演时，他已经双耳失聪，但他仍然完成了指挥，观众纷纷爆发出热烈的掌声。

接下来，来分析一下学生的情况。对于大多数高中生来说，交响曲可能是他们既陌生又熟悉的音乐形式。虽然他们可能听过一些交响曲，但要真正理解和欣赏交响曲可能会有一定的难度。高中生在音乐方面的知识储备不尽相同，所以在课堂上，需要教师制定适当的教学方案，让所有学生都能消化吸收所学内容。

因此，在核心素养理念下进行课堂教学时，可以采取以下具体步骤。

第一步是导入。教师可以让学生认真聆听一段音乐，并尝试说出曲作者是谁。例如，可以通过多媒体一体机播放贝多芬的《命运交响曲》，然后引导学生说出答案。接着，教师可以展示贝多芬的照片和相关背景图片，引入本课的主题：划时代的音乐大师——贝多芬。通过介绍贝多芬曲折的一生，引起学生对本课学习内容的关注，并迅速进入主题。

第二步是新授。教师可以引导学生欣赏《第九交响曲》的第四乐章，并启发学生思考一些问题，例如音乐传达的情绪是怎样的？音乐中的速度和力度有哪些特点？然后让学生进行讨论，分享彼此的观点和感受。

通过以上的教学步骤，用通俗易懂的语言向学生解释音乐的重要性和贝多芬《第九交响曲第四乐章》的背景，可以帮助学生更好地理解和欣赏这首音乐作品。同时，教师还可以结合音乐的情感表达、速度和力度等要素，让学生在欣赏中感受到音乐所传达的情绪和魅力，进一步培养他们的音乐欣赏能力和情感世界。

之后，出示乐曲内容示意图引导学生分析作品（表2-4-1）。

表 2-4-1 《第九交响曲第四乐章》主题

序列	音乐情绪	主题	演唱形式
第一段	紧张	恐怖的号角	无
第二段	呼唤抗衡	朗诵	男中音独唱
第三段	欢快热情	欢乐主题	男中音、合唱、四重唱、合唱
第四段	激昂雄壮	主题变奏	四重唱、合唱

通过鉴赏《欢乐颂》，我们可以感受到音乐的魅力和表达力，欣赏到音乐所传递的情感和意义。这首歌曲以其活力四射的旋律和积极向上的情感，能够唤起人们内心的愉悦和对美好生活的向往。通过欣赏和理解这样的音乐作品，人们可以进一步培养对音乐的欣赏能力，丰富自己的审美情趣，并通过音乐的力量得到心灵的愉悦和满足。

教师的目标是帮助学生培养主动聆听和积极探索音乐的习惯。只有深入到作品中，学生才能体会到音乐的美妙之处。这种美感会激发学生丰富的情感体验，让他们感到愉悦和满足。因此，在课堂教学中，教师会引导学生努力去发现和感受音乐所传达的意境和情感，逐渐提升他们的聆听能力。

总结一下，通过鉴赏音乐这门课程，学生能够更深入地了解和欣赏交响曲，尤其是贝多芬的《第九交响曲第四乐章》。他们会通过图示、演唱和讨论等方式更好地理解作品的主题和情感表达。同时，教师还会帮助学生拓展音乐知识，让他们对交响曲、奏鸣曲和古典音乐有更全面的了解。通过这门课程，学生将培养出主动聆听和积极探索音乐的习惯，并从中获得丰富的情感体验。

（三）感悟美德升华修养

音乐是一种能够影响人们并引发共鸣的艺术形式。然而，在现实生活中，有些人可能对美德不感兴趣，甚至认为培养美德是不可能的。因此，在音乐教学中，教育者应该思考如何设计内容，以培养学生的美德。

在高中音乐课堂的鉴赏课《高山流水志家园》中，可以采取一些方法来实现这个目标。首先，要介绍乐曲《流水》的背景和含义，它是我国最古老的琴曲之一，通过描绘山泉、小溪、河流和大海，表达了对祖国大好河山的赞美，展现了古代文人的品德和修养。

然后,我们需要了解学生的情况。对于高中生来说,传统的古琴曲可能离他们的现实生活比较遥远,所以我们需要通过讲解重点知识,让学生能够感受古代文人的情感,并采用一种边听边看边讲的学习方法,激发学生的学习兴趣。

在课堂教学中,我们应该贯穿美德的理念,培养学生的道德修养。通过导入环节——播放古琴曲《梅花三弄》,让学生猜测演奏的乐器是什么,并培养他们的求知欲望。然后,我们介绍乐曲《流水》并提问,让学生通过想象力来表达乐曲描绘的画面和情感。通过引导学生对比古琴曲和现代古筝曲的不同之处,以及讲解高山流水遇知音的故事背景,让学生产生共鸣,感受音乐中的美,并提升自己的修养。

在课程的拓展与探究环节中,我们可以通过辩论的形式讨论音乐能否表达具体情景,举例说明音乐如何描绘具体的事物。最后,我们布置作业,让学生搜集更多关于古琴文化的知识,了解我国古代音乐和乐器,并思考古代和现代音乐文化的异同。

通过这样的教学过程,让学生逐渐感受到音乐中的美,并理解古代文人的作风和修养。通过辩论活动,让学生探讨音乐能否表达具体情景,并引导他们思考音乐在表达情感和描绘事物方面的能力。

二、艺术表现与实践能力的发展

通过积极参与艺术表现和实践活动,个体能够培养和发展艺术表达能力,提高对艺术的理解和欣赏水平,培养创造力和解决问题的能力。这种发展不仅对个体的艺术成长有益,还对个体的综合素养和个人成长具有重要意义。如果我们不去亲自体验音乐,就好比盲人摸大象,无法真正理解其全貌。

(一)参与音乐表演

参与音乐表演是一种积极参与音乐活动的方式,可以让人们更深入地体验音乐的魅力并与观众分享音乐的情感。参与音乐表演不仅可以展示自己的音乐才华和技巧,还能够感受到音乐的力量和与观众的共鸣。通过积极参与音乐表演,学生可以培养自信心、表达能力和团队合作精神,同时也能够享受音乐所带来的喜悦和满足。无论是参与学校的音乐演出、社区的音乐活动，还是自己组织的小型音乐会，音乐表演都是一种宝贵的经验和成长机会。

总之，在高中音乐课堂中，通过参与合唱活动，学生能够全身心地投入音乐之中，感知和体验音乐，从而真正理解并记住所接触过的音乐。教师应根据学情，降低门槛，把握分寸，坚持不懈地培养学生的音乐素养和参与意识，使他们在音乐课堂中获得更全面的发展。

（二）鼓励创作实践

鼓励音乐创作实践不仅能够培养个体的音乐才能和创造力，还能够促进个体的个人成长和综合素养的提升。因此，学校、社区和家庭应该为个体提供音乐创作的机会和支持，鼓励他们积极参与音乐创作实践，发掘和培养自己独特的音乐才能，并为他们提供必要的资源和指导，以帮助他们在音乐创作领域取得进步和成就。

下面以高中音乐课堂中的创作实践课《打溜子》为例进行说明。首先，对教材进行分析。《打溜子》是土家族民间器乐演奏形式，在湖南西部和湖北恩施一带流行。该曲代表作《锦鸡出山》分为五个主题，通过打击乐器的合奏展现出金属质感的音响，形象地描绘了锦鸡的活力形象（谱例 2-4-1）。

谱例 2-4-1：

《锦鸡出山》[①]

湖南民间　乐曲
田隆信　编曲

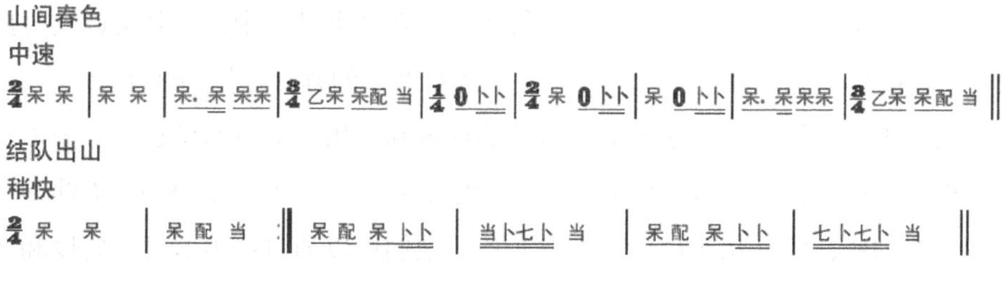

山间春色
中速

结队出山
稍快

[①] 赵季平，莫蕴慧.音乐·音乐鉴赏：必修 [M]. 北京：人民音乐出版社，2019.

溪涧戏游

2/4 配 当 | 配 配 当 | 1/4 ǎ | 2/4 当配 的卜 | 当卜当卜 七卜卜 | 当配 的卜 | 七卜当卜 七卜卜 |

当卜当卜 七卜卜 | 七卜当卜 七卜卜 | 当卜七卜 当卜七卜 | 当 当 的当 | 的 配 当 ‖

众御顽敌
慢起渐快　自由地

廿呆卜 呆卜 呆卜 呆卜 呆卜 呆卜 呆卜 呆卜 呆卜 乙呆呆 ‖

荣归

2/4 呆配 当 | 七卜七卜 当 | 呆配 当 | 七卜七卜 当 ‖

接下来进行学情分析，对于创作实践教学活动，学生的参与热情通常是较高的。在本课中，学生通过参与音响探索，配备钹乐器，对音响进行探索和探究，激发了学习的兴趣。

在核心素养角度下的音乐课堂中，具体的教学环节如下。

第一，导入。播放《锦鸡出山》的音频或视频片段，让学生聆听曲目，感受其中多变的节奏、欢快的旋律和丰富的音色变化。引导学生注意曲目中表现出的乐观情趣和生活热爱。

第二，新授。出示课题《锦鸡出山——永远的打溜子》，了解打溜子的四大乐器，并与学生一起探究钹的奏法。学生分组进行钹的即兴演奏，并体验头钹和二钹的交错合作演奏。

第三，欣赏《锦鸡出山》的片段，同时思考音色、速度、力度和节奏的变化。

第四，进行演奏实践。学生念着节奏并加入钹的击奏，进行头钹和二钹的交错合作演奏。

第五，探索表现打溜子的形式，进行表演。在这个环节中，教师可以通过播放民间艺人的打溜子表演视频来引导学生思考打溜子的舞台走位和肢体动作。

第六，进行创作实践。学生通过自己的理解和感悟，对打溜子这一表演形式进行创作，并通过排练进行实践展示。在创作实践中，学生需要协调乐器演奏和肢体动作的创作，使其相互协调，声形兼备。他们可以通过调整节奏、力度和速度等来表达自己对打溜子的理解和感受。最后，学生的创作成果将在实践展示中进行赏评，以鼓励他们的创造力和表现能力。

通过以上的教学过程，学生在高中音乐课堂中的创作实践课《打溜子》中，通过导入、新授、演奏实践、探索表现、创作实践等环节的设计与安排,全面培养了学生的艺术表现能力。学生通过参与音乐的创作、表演和实践活动,能够更好地理解音乐的美感和情感内涵,提高他们的音乐素养和艺术修养。

(三)促进人际交往

人们都希望被别人理解和接纳,而通过交往,人们可以更好地了解彼此,包括性格、兴趣、知识和观点,进而增进相互的理解和共鸣,从而建立良好的人际关系。

在音乐活动中,学生常常需要集体合作,例如合唱或合奏,这就要求学生之间相互信任和配合,才能顺利完成作品,传达出音乐的美感。通过合唱,学生要协调音色,保持各声部的平衡,同时表达统一的情感,这需要学生情感融合、团结合作,才能展现出合唱的艺术魅力。

同时,培养良好的举止也是促进人际交往的重要方面。尊重他人和学生的自由选择是音乐实践活动的基础,不是强制性的过程。学生自主选择并积极参与活动时,他们会尽力做好,以取得最佳效果。在实践过程中,相互尊重和合作,即使意见不同也能够求同存异。

此外,音乐活动也促进个性的发展。个性的优化与发展是参与音乐实践活动的关键。比如,在组织学校音乐会时,学生可以参与策划、制作、编导、排练、设计海报、舞台监督和表演等环节。在这个过程中,学生能够积极发挥各自的特长,互相帮助,使性格外向者学会思考和稳重,性格内向者鼓起勇气并继续努力。

另外,通过交流互动,学生能够更好地了解和欣赏异域文化。在音乐课堂上,通过欣赏来自不同民族和国家的音乐作品,学生可以增加对异域文化的了解。比如,播放蒙古族、藏族、维吾尔族等少数民族歌曲的视频,让学生了解少数民族人民的语言、服饰、风俗习惯、文化传统和生活环境等。我国各民族都有擅长歌舞的传统,学生可以通过交流和讨论,了解不同民族的音乐文化背景,并思考其中的共通之处和特殊之处。这样的交流有助于增进学生对多样文化的理解和尊重,培养他们在跨文化环境下的包容心态和互相学习的意识。

三、文化理解与鉴赏能力的形成

(一)强化学生主体

中国学生培养核心素养的最终目标是培养全面发展的个体。传统的单向灌输、纯技术训练和文化传承已经不再是 21 世纪音乐教育的主流。现代音乐教育更加注重培养学生的审美能力、多元思维、实践能力和创造力的统一,以提高素质教育的水平。每位学生都应该有机会走进音乐的世界,成为学习过程的主体,在音乐学习中体验成功、享受快乐,学会用音乐美化人生。

现代音乐教育注重学生的主体地位,以学生为中心,鼓励他们积极参与学习活动。传统的教师单向传授的方式已经过时,现在的教师应该充当引导者的角色,采用多种教学方法和策略,调动学生的兴趣和积极性。

音乐课堂可以通过多样化的活动来实现核心素养的培养。教师可以从音乐的实际应用出发,引导学生欣赏不同类型的音乐作品,并鼓励他们表达自己的理解和感受。学生可以参与歌曲的演唱和表演,展示自己的才艺和个性。教师还可以通过讨论和探究的方式,引导学生深入思考音乐的内涵和背后的文化意义。这样的教学方法可以培养学生的创造力和批判性思维,拓宽他们的音乐视野和文化素养。

在教学过程中,教师应该给予学生足够的自主权和参与权,让他们在学习中发挥主动性和创造力。课堂评价和反思是必不可少的环节,教师可以通过对学生的作业和表现进行评价,鼓励他们继续努力,并反思自己的教学方法和效果,不断改进和提升。

总之,现代音乐教育的目标是培养全面发展的个体,注重学生的主体地位和参与性。通过多样化的教学方法和策略,让学生在音乐学习中体验成功和快乐,发展审美能力、多元思维、实践能力和创造力,用音乐美化人生。

以高中音乐课堂教学——唱歌课《回忆》为例,教学设计如下。

首先,对教材进行分析。本课涉及三首歌曲,主要以唱歌为主,同时也包括聆听和示范环节。教师应鼓励学生发挥主动性,在课堂上扮演"主人"的角色。

其次,进行学情分析。根据班级男女生比例的不同,可以决定是否用相同的时间学习三首歌曲。在确定教学内容时,应充分考虑学生的兴趣和爱好,突出学生的主体地位。

第二章　责任担当与人文底蕴：关注核心音乐素养对人的社会化发展

具体教学过程如下。

第一，导入。可以让学生分享一段特别的回忆或者问他们回忆对于人们的生活意义是什么。同时播放歌曲《回忆》的音频或视频片段（谱例2-4-2），引导学生们聚焦于歌曲的旋律、和声和情感表达，并让他们尽可能感受和体验歌曲所传达的回忆情感。

第二，新授。教师介绍西方流行音乐发展的风格演变，让学生了解当时的流行歌曲风格和内涵。通过欣赏教学的形式，让学生自由讨论歌曲的结构和理解，挖掘歌曲的内涵。

第三，表演环节。教师示范演唱并教唱歌曲，然后给予学生一定的时间，让他们分组演唱不同的声部歌曲。教师也应放手让学生自主发挥，体验自主而生动的课堂氛围，让学生能够自我表达，发挥创造力。

谱例2-4-2：

回忆
——选自音乐剧《猫》

1=C 12/8 6/8

[英]特雷沃尔·努恩　词

[英]安德鲁·劳伊德·韦伯　曲

[英]埃德·劳杰斯基　编合唱

薛范　译配

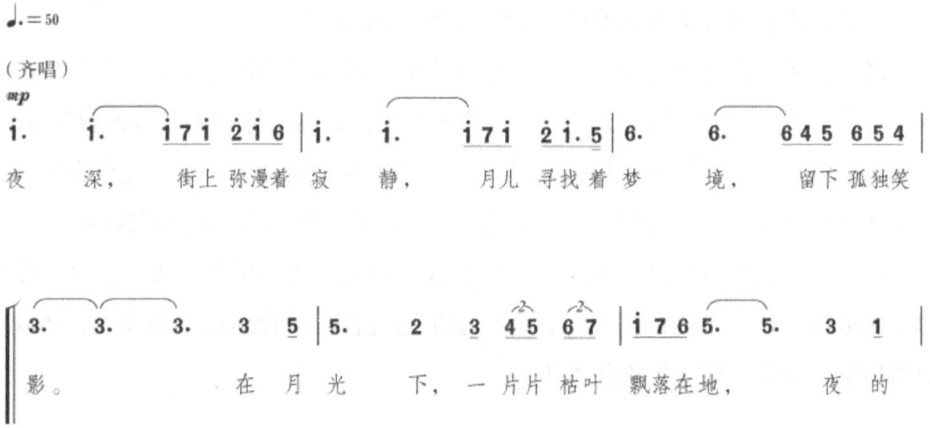

[乐谱：《回忆》歌词片段——"在月光下，一片片枯叶飘落在地，夜的风呜咽呻吟。回忆，始终伴随着"]

第四，拓展与探究。教师可以演唱该乐曲中喜欢的流行歌曲声部，并阐述自己的喜好原因。同时，要求学生准备演唱自己喜欢的流行歌曲声部，并解释他们的选择理由。通过这个环节，教师可以进一步了解学生的音乐世界，学生也可以充分表达自己对流行音乐的看法和理解。

第五，课后作业。教师提出一个问题给学生思考："不同的音乐经过时代的变迁和地域的流传，会出现不同的演绎方式。你认为这种不同的演绎方式对作品来说是好还是坏？请说明理由。"通过这个问题，学生有更多的时间去思考和探究音乐作品，认识到音乐文化的博大精深以及丰富的精神内涵。

最后，进行课程评价和反思。音乐教育的目的和性质决定了教学中学生的主体参与是至关重要的。教学过程中，教师的主要任务是引导和采取多种教学方法，调动学生的兴趣，让学生积极主动地参与到音乐课堂活动中。通过充分发挥学生的主动性和创造力，让他们成为课堂的主人，建立学生与音乐的和谐联系。

以上是以高中音乐课堂教学——唱歌课《回忆》为例的教学设计，注重学生的主体地位和核心素养的培养，旨在让学生通过音乐教育获得全面发展，体验成功和快乐，并学会用音乐美化人生。

（二）弘扬中华文化

音乐中蕴含着许多美好的情感，如春天的鸟语花香、夏天的热情奔放、秋天的硕果累累、冬天的万物收藏。这些美好的情感都可以通过音乐欣赏来感受，因为音乐具有一种特殊的魅力，能够感染每个人。音乐可以通过潜移默化的方式陶冶学生的心灵，如长亭送别的伤感、万马奔腾的壮观、山川大河的雄伟、小桥流水的惬意等。这种能凝聚人们情感的音乐是一种独特的存在方式，它融合了世界上最好的精神和文化，经过了千年的发展，拥有浓厚的文化底蕴，也展现了劳动人民的真挚情感。

因此，音乐教育不仅仅是传授音乐知识和技能，更是培养学生的人文素养、情感态度和跨文化交流能力的重要途径。教师在音乐教育中应注重培养学生的情感体验和审美情趣，引导学生通过音乐去感知和理解世界，培养学生的爱国情怀和对多元文化的包容心态。同时，应注重音乐教育与其他学科的融合，促进学科之间的互动和综合发展，提升学生的综合素质。

中华音乐文化作为中华文化的重要组成部分，具有丰富的内涵和独特的艺术表达方式。它在历史传承、道德伦理、美学审美、思想智慧和自然生态等多个方面展现着独特的特点和价值。

在历史传承方面，中华音乐文化承载着悠久的历史和传统。从古代的雅乐、宫廷音乐到民间音乐，中华音乐通过音乐形式和曲调传递着中华民族的情感和智慧。通过学习和传承中华音乐文化，人们可以深入了解中华民族的历史和文化根源，增强对中华民族的认同感。

在美学审美方面，中华音乐文化展现了独特的美学理念和审美价值观。中华音乐注重音乐的和谐、平衡与表达，通过音乐的旋律、节奏和表演形式，传递着对自然、人文和生命的崇敬之情。通过学习中华音乐，可以培养对美的感知能力，提升审美情趣，丰富个人的艺术修养。

此外，中华音乐文化还蕴含着深刻的思想智慧。从古代的儒家思想、道家哲学到佛教的修行思想，中华音乐通过音乐的表达方式传递着智慧和人文关怀。通过学习中华音乐文化，人们可以感受到其中蕴含的思想精髓，提升自己的思考能力和人生智慧。

在自然生态方面，中华音乐文化与自然的关系紧密相连。中华音乐常常以自然景观、动物、植物等元素为题材，通过音乐的形式表达对自然界的敬畏和赞美。通过学习和感受中华音乐，人们可以培养对自然生态的关注和保护意识，促进人与自然的和谐发展。

音乐教育在培养学生的文化认同感、审美情趣和跨文化交流能力方面具有重要的作用。通过音乐教育，学生能够深入了解和欣赏中华民族音乐及其他国家和民族的音乐文化，从而推动个人的全面发展和促进文化交流与理解。

例如，以九年级音乐鉴赏"京剧"为例，通过学习京剧中的虚拟表演方法和动作，让学生体验中国传统文化的精髓和美感，激发他们对传统文化的热爱和对民族音乐的兴趣，培养他们的审美能力和爱国情怀。同时，在教学过程中注重核心素养的培养，引导学生思考和探索，培养他们的创造力、批判性思维和跨文化交流能力。

首先是教材分析。中国戏曲种类繁多，具有浓厚的地方特色。在新课标的背景下，传承中国戏曲艺术文化成为初中音乐教学的重要目标，学生应该了解并对自己民族的音乐文化产生兴趣。京剧作为中国戏曲中享有"国粹"美誉的艺术形式，其表演艺术、化妆特色、人物行当等相关知识尤其需要传授和学习，这是戏曲教学的基础，也是培养学生对传统文化的继承和发扬的重要方面。

其次，进行学生情况分析。初中学生活泼好动，喜欢接触新鲜事物。由于流行音乐在他们的生活中占据主导地位，所以他们对我国戏曲音乐知识了解较少且不感兴趣，这对戏曲音乐课堂教学构成了一定的挑战。因此，结合学生的特点，教师应充分利用电教媒体，采用声像结合、音乐美术的巧妙结合、教师的激情带动以及小组合作展示等多种教学手段，激发学生的学习积极性，使他们更接近京剧艺术，为今后进一步学习打下基础。

再次，确定教学目标。通过教学使学生了解中国戏曲艺术的基础知识，初步了解并能从扮相上识别京剧行当，初步了解京剧表演形式，初步掌握京剧脸谱的相关知识，能够尝试演唱一段戏曲。欣赏京剧作品名段，辨析人物行当及唱腔特点，演示戏曲中的基本动作，体验京剧艺术的魅力，激发学生的创新意识，让他们参与创造活动。培养学生在欣赏和实践中亲身感受京剧的艺术美，培养学生对祖国优秀文化艺术的情感和民族自豪感，使他们懂得继承和弘扬民族文化的意义。通过整合信息技术与音乐学科，让学生体验到两者的优势结合。通过声像结合的教学方式，学生在教与学、学与学的互动中获得知识、能力和品德的统一。利用电教媒体和多媒体资源，增强学生对京剧艺术的理解和兴趣，提供更多形式丰富的学习体验。

教学过程可以按照以下步骤展开。

第一，导入和引导。教师通过引发学生对京剧的兴趣，例如展示精彩的京剧片段（《唱脸谱》《包龙图打坐在开封府》《夫妻双双把家还》《一匹布》《苏三起解》等）、介绍京剧的历史和特点等，激发学生的学习兴趣。通过引导学生分享对于京剧的印象和熟悉程度，了解学生对戏曲艺术的认知水平。

第二，知识讲解与展示。通过多媒体资料、图片和视频等方式，向学生介绍京剧的基本知识，包括京剧的起源、表演艺术、脸谱和行当等。例如，京剧中常见的脸谱色彩和相应的人物角色。这些色彩的运用确实充分利用了中国人的传统审美观念，使观众能够通过颜色直观地了解角色的性格特点和角色在故事中的角色定位。

（1）蓝脸的窦尔敦：窦尔敦是《窦娥冤》中的主要反面角色，他是一个残暴凶狠的恶人，用蓝色脸谱来表现他的狰狞和残暴。

（2）红脸的关公：关公是中国历史上著名的英雄人物，在京剧中常常以红色脸谱出现。红色象征着忠义和英勇，与关公的形象相得益彰。

（3）白脸的曹操、奸臣高俅：曹操是中国历史上重要的政治家和军事统帅，在京剧中常以白色脸谱示人。白色脸谱通常表示奸诈和诡诈，与曹操的权谋形象相符合。奸臣高俅也常以白色脸谱出现，突出了他的阴险狡诈之态。

（4）黑脸的包拯、鲁智深、马谡：黑色脸谱通常用于表现正直坚毅的角色。包拯是历史上著名的官员，以黑色脸谱示人，展现他的肃穆和刚直。鲁智深是《水浒传》中的英雄人物，黑色脸谱突出了他的勇猛和刚烈。马谡则是《三国演义》中的角色，黑色脸谱展现了他的果敢和决断。

这些角色和脸谱的运用是京剧表演艺术中的重要元素，通过色彩的运用，观众可以迅速辨认角色的特点和性格，加深对剧情的理解和体验。在教学中，通过介绍和展示这些脸谱，可以让学生更好地理解京剧的艺术特色和中国传统文化的魅力。

第三，欣赏与分析。播放京剧作品的片段，引导学生仔细聆听、观察，并分析其中的唱腔特点、表演动作和情绪表达。引导学生辨析不同行当的角色扮相和唱腔风格，了解不同行当在京剧中的角色定位和表现形式。

第四，实践与表达。分组或个人练习演唱一段简单的京剧唱段，学生可以选择自己感兴趣的行当进行表演，并尝试运用学到的表演技巧和腔调特点。学生可以设计自己的脸谱，表达对角色的理解和创造。

最后，进行教学总结与反思。

教学总结可以从如下几个层面来展开。（1）邀请学生展示他们的演唱和脸谱设计，并让其他同学进行观摩和评价。（2）教师进行总结，强调学生在学习过程中的收获和体会，鼓励他们对京剧艺术要保持兴趣和深入探索。（3）观察学生的参与度和表现，包括对京剧知识的理解程度、对唱腔特点和行当的辨析能力以及对表演的积极参与和创造能力。（4）评价学生在小组展示中的表现，包括演唱的准确性、表演的生动性和脸谱设计的创意性。学生的自我评价和互评，让他们思考自己在学习过程中的成长和不足之处。（5）收集学生的作品和成果，如录音、视频或照片，并进行展示和展览，以促进学生之间的交流和学习成果的展示。（6）结合学生的表现和作品，进行综合评价，评估学生对京剧艺术的理解和掌握程度以及他们在表演和创造活动中的表现和发展。

教学反思可以从如下几个层面来展开。（1）教师应充分了解学生的兴趣和特点，合理设计教学内容和方式，激发学生的学习兴趣和积极性。（2）在教学过程中，要注重培养学生的观察力、分析能力和创造力，引导他们主动思考和表达。（3）教师需要充分利用多媒体和电教媒体资源，提供丰富多样的学习材料和视听资料，使学生能够全面感知京剧艺术的魅力。（4）在小组合作学习和展示环节，教师要注重引导学生进行交流和互动，鼓励他们彼此学习和借鉴，形成良好的学习氛围。（5）教师应及时进行评价和反馈，鼓励学生在学习中不断进步和提升，并及时纠正他们的错误和不足之处。

通过以上的教学过程和反思，可以有效地实现教学目标，让学生全面了解和体验京剧艺术，培养他们对中国戏曲文化的热爱和自豪感，提高他们的美感和鉴赏能力，并促进信息技术与音乐学科的有机融合，为学生的综合素养发展提供更广阔的空间。

（三）感知世界语言

音乐是一种特殊的语言，它能够超越语言的限制，直接触动人们的心灵和情感。音乐是一种情感的表达和沟通方式，它能够表达人们内心深处无法言说的感受和情绪，使人们能够找到共鸣和情感连接。

无论是青少年还是老年人，无论是何种背景的人，欣赏音乐都能够产生情感共鸣。音乐作为艺术形式的一种，源自于生活，反映了人们的情感和体验。因此，音乐中蕴含着丰富多样的情感，通过细致入微的旋律、节奏和表现手法，音乐能够直接触动人们的内心世界，使人们与音乐中所表达的情感进行交流和共鸣。

音乐的无言性正是它的独特之处。相比于语言，音乐更具有直观性和普遍性，能够跨越文化和语言的障碍，成为一种全球性的语言。通过音乐，人们能够表达自己的情感、思想和体验，与他人进行情感上的沟通和交流。音乐具有治愈人心、激励人心的力量，它能够给人带来宁静、安慰和喜悦，使人们在不同的情绪状态中找到平衡和寄托。

同时，不同地区和文化拥有各自独特的音乐文化，通过欣赏和理解特定的音乐，我们能够更深入地了解不同文化的内涵和精神。这种双向的欣赏和交流有助于促进人际和国际交往的和谐和理解，拓宽我们的视野和心灵。

总之，音乐是一种无言的语言，它能够表达和升华人类的情感，建立情感共鸣。通过欣赏音乐，人们能够感受到音乐背后丰富的情感内涵，同时也能够通过音乐了解和体验不同文化的魅力。音乐的力量是跨越时空和文化的，它能够连接人与人之间的情感和心灵，成为人类共同的情感纽带。结合课堂内容，对欧洲民间音乐进行总结，强调它作为世界音乐文化的重要组成部分，具有独特而丰富的魅力。同时，鼓励学生在课后继续探索和欣赏欧洲民间音乐，深入了解不同国家和地区的音乐文化，拓宽音乐视野。

通过下面这个教学案例设计，学生能够在欢快愉悦的氛围中，通过多媒体教学和实践探索，深入了解欧洲民间音乐的特点和魅力。他们将通过欣赏乐曲、参与讨论和实际演奏，培养对多元文化的尊重、欣赏能力以及音乐的独特理解。

《桑塔·露琪亚》教案

【教材分析】

《桑塔·露琪亚》是一首著名的船歌，源于意大利那不勒斯地区。这首歌曲以威尼斯船歌的风格为基础，由意大利作曲家科特劳创作而成。它被收录在辽海版八年级音乐教科书的欧洲音乐单元中。

船歌这种音乐体裁与意大利水乡威尼斯的小船"贡多拉"紧密相关。《桑塔·露琪亚》的歌词展示了夏夜的美丽景色，给人以陶醉和忘却的感觉。歌曲采用 C 大调，3/8 拍，中等速度稍快，由两个乐段构成。它的旋律优美而流畅，能够带给人们美妙的艺术享受。

通过学习《桑塔·露琪亚》，学生将有机会欣赏并感受船歌的独特风格。这首歌曲具有浪漫的意大利风情，通过优美的旋律和节奏，引发学生对欧洲音乐的兴趣。教材中提供了音乐资源和歌词，为学生学习和表演提供了基础。

通过对教材的分析，教师可以根据学生的年龄和音乐水平设计相应的教学活动，让学生在演唱和欣赏中体验《桑塔·露琪亚》的音乐情绪和韵味。同时，教师可以引导学生了解船歌这一音乐题材的特点，进一步拓宽学生对欧洲音乐的认识和理解。

【教学目标】

（1）通过积极参与欣赏《桑塔·露琪亚》，在荡漾的音乐韵律中充分感受、体验这首船歌的音乐情绪及风格。

（2）用自然、圆润、激情的声音演唱《桑塔·露琪亚》，并尝试用肢体语言进行创造表现。

（3）了解船歌这种音乐题材的特点，激发对欧洲音乐的兴趣。

【教学重点】

（1）理解并感受《桑塔·露琪亚》船歌的音乐情绪和风格。

（2）用自然、圆润、激情的声音演唱歌曲，表达音乐的情感。

（3）探索肢体语言的运用，创造性地表现歌曲的意境。

【教学难点】

（1）把握《桑塔·露琪亚》船歌的音乐情绪和风格。

（2）运用适当的声音技巧和表现手段，演唱具有感染力的歌曲。

（3）利用肢体语言与声音相结合，增强演唱的表现力。

【教学准备】

（1）《桑塔·露琪亚》的音频或视频资源。

第二章　责任担当与人文底蕴：关注核心音乐素养对人的社会化发展

（2）以课件或图片展示欧洲船歌的相关背景和特点。

（3）学生可以分组练习演唱和表演的准备时间。

【教学过程】

（1）导入：展示一张威尼斯的图片，并通过快速抢答的方式让同学们猜猜这是哪座城市。这可以激发学生的好奇心和参与度，进而揭示图片上所示城市的正确答案，即威尼斯。简要介绍威尼斯的基本情况，如它由188个小岛、177条水道和401座桥梁组成。这些信息可以引起学生对威尼斯的兴趣和好奇，进而与学生进行互动对话，探讨与意大利相关的风土人情。可以问一些问题，例如他们对意大利有什么了解、是否听说过威尼斯、他们对威尼斯的印象等。这样可以促进学生之间的交流和分享，并为后续学习做铺垫。介绍作为威尼斯的著名交通工具——"贡多拉"，向学生介绍它的特点和用途。可以向学生解释"贡多拉"是一种窄长的小船，由船夫用长桨操控，它在威尼斯的水道上穿行，成为该城市独特的交通方式，可以通过图片、视频或文字描述来呈现"贡多拉"的形象和文化背景。这样的导入过程将引起学生的兴趣，帮助他们对威尼斯和船歌有初步的了解，为后续的学习和探索打下基础。

（2）欣赏：播放《桑塔·露琪亚》的音频或视频，让学生聆听并感受其中的音乐情绪和节奏。

（3）分析：引导学生分析歌曲的特点，包括旋律、节奏、情感等方面。在教学过程中，提醒学生在听歌曲时要注意歌曲的速度和节拍，同时思考歌曲描绘的是怎样一幅情景。使用课件配合歌曲欣赏，呈现与歌曲内容相关的图片和场景，加强学生对歌曲情景的理解。向学生解释3/8拍子的特点，可以用简单的语言和示意图向学生展示3/8拍子的节奏结构，帮助他们理解和感受节拍的规律。向学生展示三拍子的指挥图示，并鼓励学生跟随指挥进行练习。可以选择一段简短的节拍或旋律，让学生用手部动作模仿指挥的节奏，以帮助他们更好地理解和感受三拍子的节奏特点。通过这些教学步骤，学生将更加深入地理解歌曲的节拍和情景描绘，同时培养他们对音乐节奏的感知和表达能力。同时，指挥图示和练习将帮助学生在实践中巩固对三拍子的理解，并提高他们的节奏感。

（4）演唱：指导学生用自然、圆润、激情的声音演唱《桑塔·露琪亚》（谱例2-4-3），强调情感的表达和歌曲的节奏感。

谱例 2-4-3：

《桑塔·露琪亚》

1=♭B 3/8

[意]特奥多罗·科特劳　词曲

邓映易　译配

```
  5  5· 1 | 1 7  7 | 4  4· 6 | 6 5  5 | 3  6  5 | 5 #4 ♮4 |
1.{看 晚 星  多 明 亮， 闪 耀 着  金 光， 海 面 上  微 风 吹，
   在 银 河  下 面， 暮 色 苍  茫， 甜 蜜 的  歌 声，
2.{看 小 船  多 美 丽， 飘 浮 在  海 上， 随 微 波  起 伏，
   万 籁 皆  寂 静， 大 地 入  梦 乡， 幽 静 的  深 夜 里，

  4 3 2 | 6 5 ‖: 3 2 1 | 7 6 2 | 2 1 6 | #4 5 1 |
  碧 波 在 荡 漾；  在 这 黑 夜 之 前， 请 来 我 小 船 上，
  飘 荡 在 远 方；  在 这 黎 明 之 前， 快 离 开 这 岸 边，
  随 清 风 荡 漾；
  明 月 照 四 方。

                              |1.              |2.
  3 1 5 3 | 4 2 2 | 2 6· 7 2 1 :‖ 2 3· 2 2 1 ‖
  桑 塔 露 琪 亚， 桑 塔 露 琪 亚。 桑 塔 露 琪 亚。
  桑 塔 露 琪 亚，
```

（5）表演：鼓励学生尝试利用肢体语言进行创造表现，通过动作、姿态等方式增强演唱的表现力。

（6）练习：分组练习演唱和表演，进行交流、合作，共同完善演唱技巧和表现效果。学生可以自由选择合适的动作和姿态来配合歌曲的情感和节奏，展示个人创造力和团队合作能力。

（7）总结：在本堂课中，我们学习了意大利的船歌《桑塔·露琪亚》，并对船歌这一音乐题材有了一定的了解。通过欣赏和讨论，感受到了歌曲中荡舟海面的夏夜情景，并注意到了歌曲的速度和节拍。我们还了解到船歌这一音乐类型与意大利威尼斯的文化背景紧密相连，而威尼斯的交通工具"贡多拉"也是其中的重要元素。此外，鼓励有兴趣的同学回去搜集一些有关欧美的民族民间音乐，以便下次课堂能够一起分享和探讨。优美的音乐作品没有国界，通过分享不同地区

第二章　责任担当与人文底蕴：关注核心音乐素养对人的社会化发展

的音乐，我们可以开阔音乐视野，增加对不同音乐文化的理解和欣赏。希望大家通过今天的学习，能够对意大利船歌和欧洲音乐产生更多的兴趣，并继续探索和学习丰富多样的音乐风格和文化。

（8）展望：鼓励学生继续探索和欣赏更多欧洲船歌或其他音乐作品，培养他们的音乐素养和审美能力。提供相关资源和引导，让学生有机会进一步深入学习和表演欧洲音乐。

【教学反思】

本堂课的教学目标达到了预期，学生通过积极参与欣赏和演唱《桑塔·露琪亚》，在音乐中充分感受了船歌的情绪和风格。他们能够用自然、圆润、激情的声音演唱歌曲，并尝试运用肢体语言进行创造表现，表达出音乐的情感和意境。学生也了解了船歌这种音乐题材的特点，激发了学生对欧洲音乐的兴趣。

在教学中，注重了学生的参与和表现，鼓励他们展示自己的创造力和团队合作能力。通过分组练习和演唱表演，学生能够互相交流、合作，并共同学习演唱技巧，完善表现效果。在总结和展望环节，学生能够回顾学习的收获和体验，并进一步拓展他们的音乐学习和欣赏范围。

然而，在教学过程中也遇到了一些挑战。部分学生可能在表达情感和掌握节奏感上遇到困难，需要个别指导和练习。为了解决这些问题，教师会在接下来的教学中继续强调情感的表达和节奏的感受，提供更多的练习机会和指导，帮助学生不断提升演唱和表演的能力。同时，教师也会不断寻找丰富多样的音乐资源和教学材料，以丰富学生对欧洲音乐的了解和体验。

学生在欣赏、演唱和表演《桑塔·露琪亚》的过程中，充分感受到了船歌的音乐情绪和风格，并通过自然、圆润、激情的声音以及肢体语言的运用，表达出音乐的情感和意境。他们对船歌这一音乐题材产生了兴趣，对欧洲音乐有了更深的认识。同时，教师也会意识到一些教学上的挑战，并制定相应的解决方案。在未来的教学中，教师应继续关注学生的表现和需求，提供更多的练习和指导，帮助他们进一步提升音乐素养和表现能力。

如图 2-4-1 所示，可以用不同的图形或箭头表示审美感知、艺术表现和文化理解这三个核心素养，并通过彼此之间的连接或循环来展示它们之间的相互关系。这样的图表可以更清晰地传达出观点，帮助读者理解核心素养在音乐教学中的重要性和实践方式。

在设计课程时，确保每个环节都有明确的学习目标，并结合适当的教学方法和资源，以最大程度地培养学生的音乐素养和多元文化认知。

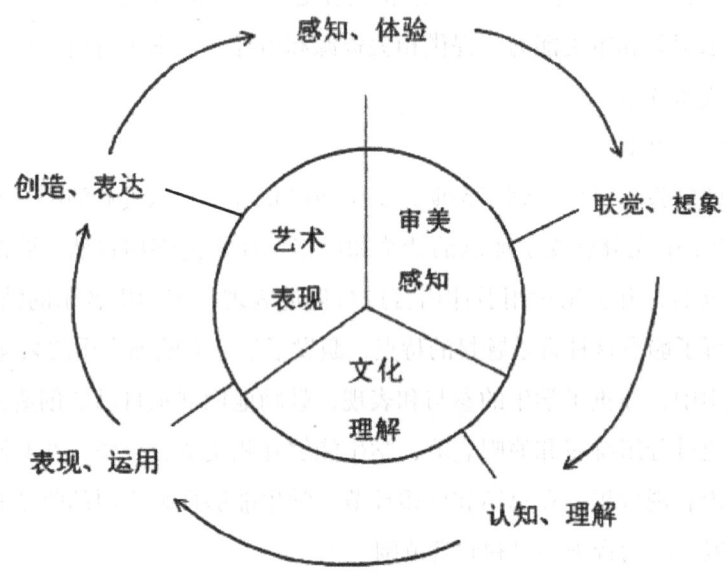

图 2-4-1　核心素养视角下的高中音乐教学

音乐的感知与体验是培养学生音乐素养的关键。通过感知与体验音乐，学生可以深入理解音乐的内涵，培养审美感知和情感体验，激发他们的联觉和想象力。这些感知与体验的结果可以促进学生对音乐的认知与理解，并通过音乐的表现、运用、创造将其表达和分享给他人。

在高中音乐教学中，不同模块的课程分类和专业划分确实有不同的侧重点和教学目标，但它们都应该以培养学生的音乐素养为核心。无论是音乐鉴赏、歌唱、演奏、舞蹈表演还是戏剧表演，都应该从体验入手，让学生通过实践活动来感知和体验音乐。这样的学习过程可以促使学生在不同阶段发展和综合表现出音乐核心素养。

在教学方法和要求上，应确保学生有充分的实践机会，通过实际演唱、演奏、舞蹈或戏剧表演等方式，深入参与音乐的实践活动，提升他们的音乐表达和表现技能。同时，也要重视学生的感知与体验，创造富有情感共鸣的音乐学习环境，引导他们能够积极体验音乐,以促进他们的音乐素养发展。

　　总之,高中音乐教学应该将感知、体验、实践和表达有机地结合起来,通过循环的学习过程,培养学生的音乐素养。这样的教学方式可以帮助学生深入理解音乐的内涵,增强他们的审美能力,提升音乐表达和表现技能,同时培养他们的文化理解和多元文化认知力。

第三章　学会学习：终身音乐学习的重要场域

终身音乐学习是一个持续的过程，对个体的成长和发展起着至关重要的作用。通过对音乐的不断学习和探索，个体可以不断丰富自己的音乐知识、技能和经验，不断提升自己的音乐素养和表现能力。

第一节　高中音乐自主性学习与合作学习模式与策略

一、高中音乐自主性学习模式与策略

（一）音乐自主性学习的含义

音乐自主性学习是一种重要的学习方式，它强调学生在音乐学习过程中的主动性和自我管理能力。在音乐教学中，教师扮演着指导者的角色，为学生提供必要的知识和技能，并制定学习任务和目标。此外，学生在学习过程中的自主性也发挥着至关重要的作用。

在音乐自主性学习中，学生能够通过自主预习音乐课程来增强对学习内容的理解和准备。他们可以根据自己的学习计划和目标，选择适合自己的学习方式和方法，以便更好地掌握音乐知识和技能。同时，学生也能够自主地记录和反思自己对音乐理解不清晰的知识点，并积极主动地寻求帮助和解决方案，这有助于加深对音乐的理解和应用。

音乐实践是音乐学习中不可或缺的一部分，通过实践活动，学生能够将所学的音乐技能应用到实际情境中。在展演或演奏过程中，学生可以通过自我评估和反馈来发现自己的不足之处，并进行改进和提高。这种自主性学习的过程促使学

生在实践中不断完善自己的音乐表达能力，并增强自信心和创造力。

此外，音乐自主性学习也需要学生具备良好的学习计划和自我监控能力。学生应当能够根据学习任务和时间安排，制定合理的学习计划，并在学习过程中不断监控自己的学习进度和效果。他们可以通过反思和自主评价来检测自己的学习成果，并做出相应的调整和改进。

综上所述，音乐自主性学习是培养学生自主学习能力、合作学习能力和深度学习能力的重要途径。它通过激发学生的主动性和自我管理能力，使他们能够在音乐学习中充分发挥自己的能动性，并不断提升自己的音乐素养和表达能力。这种学习方式不仅有助于学生在音乐领域的成长和发展，对他们的终身学习和发展也具有重要意义。通过音乐自主性学习，培养了学生自主学习的习惯和技能，他们能够主动探索和学习新的音乐知识和技能，不依赖于外部指导而能够独立思考和解决问题。这种自主性学习的能力将在他们今后的学习和职业生涯中发挥重要作用。

（二）实施音乐自主性学习的现实意义

在高中音乐教育中，培养学生的自主性学习是非常重要的。通过自主性学习，学生可以成为学习的主体，发挥自己的能动性和创造力，更深入地参与音乐学习过程，并在其中获得更丰富的学习成果。同时，自主性学习也能够培养学生的学习动力和学习意识，使他们在学习音乐的过程中更加积极主动。

1.在自主学习中了解相关文化

确实，音乐作为一门独立的学科，具有广泛的教育和文化属性。在音乐课程中，学生能够学习到历史文化的相关知识，能够提升个人的文化素养。音乐课程是一门美的艺术，学生在学习音乐时应该完全融入到音乐作品中，才能真正体会到审美的境界。

举个例子，当学生鉴赏《第三命运交响曲》时，可能会出现这种情况：这首音乐作品是国外的，但学生可能对国外的历史不太了解。在这种情况下，老师可以提前布置预习任务，让学生去了解贝多芬创作这首乐曲时的背景故事以及为什么这首曲子被命名为《第三命运交响曲》。通过预习，学生可以了解作曲家所处的时代背景、当时的社会面貌等方面的信息。

另外，在欣赏民族音乐《百鸟朝凤》的唢呐版演奏时，学生不仅可以感受到歌曲所具有的地方特色、喜庆和欢快的氛围，以及生动的百鸟争鸣的场景，还能够欣赏到中国传统乐器唢呐的魅力和技巧。通过这样的自主学习，学生由原来的被动接受知识转变为主动探求知识，不仅加深了对学习内容的理解，还拓展了相关的文化知识和学习方法。

通过这些例子可以看出，音乐自主性学习能够激发学生的主动性和学习兴趣，使他们在学习音乐过程中获得更多的知识和体验。通过预习、探究和个人的学习规划，学生可以深入了解音乐作品的背景、文化内涵和艺术特点，从而在更好地理解和欣赏音乐的同时，也丰富了自己的文化素养。

2. 提高学习效率、活跃课堂气氛

在课堂上的自主学习并不意味着完全放任学生自行学习，脱离教师的指导和监督。相反，自主学习是在教师的指导下，学生能够主动识别教师的教学目的和内容，自发地参与学习过程，并以自主的方式展开学习活动。

在音乐教育中，教师的角色是至关重要的。教师需要设定明确的教学目标和内容，并提供相应的指导和支持，以激发学生的主动性和自主学习的意识。通过教师的引导，学生能够更加清晰地认识到自主学习的重要性，并更好地掌握自主学习的方法和技巧。在这种情况下，学生对音乐的兴趣会更积极主动地调动起来，课堂上的学习氛围也会更加高涨。

当学生具备了自主学习的意识和能力，他们能够在教师的引导下更自觉地参与学习，主动提出问题、寻求答案，并展示他们的学习成果。这种双向的教学活动能够提高学习效率，使学生在课堂上取得更好的学习进展。同时，教师也能够通过观察和评估学生的自主学习情况，及时调整教学策略，更好地满足学生的学习需求。

因此，课堂上的音乐自主学习是一个相互协作的过程，需要教师和学生共同努力。教师在提供指导和支持的同时，要鼓励学生主动参与学习，培养他们的学习意识和能力。而学生则要积极主动地注意和掌控自主学习的过程，以实现对音乐的更深入理解和更积极的学习体验。只有在这种双赢的学习环境中，音乐教学与学习才能取得更好的效果。

3. 促进学生自主发展

高中阶段的学生正处于心智成熟和思维独立的阶段,他们具备了较强的自主领悟能力和独立思考的能力,因此适合推行自主性学习。

通过在高中音乐教育中推行自主性学习,可以为学生营造一个良好、轻松的学习环境,并创造开放自由的学习氛围。这样的学习环境有助于激发学生的学习热情和创造力,使他们能够根据自身的学习习惯和方法,有效地掌控学习进度,达到最优的学习效果。

在自主性学习的过程中,学生参与实践活动时能够充分展现自己的特长和才能,这不仅增强了学生的自信心,也激发了他们对学习的积极性。当学生在实践活动中得到心理上的满足时,他们会更自主地投入到学习中去。当遇到困难时,学生会尝试寻找解决办法,并通过师生合作的形式获取知识。通过这种方式,学生可以不自觉地提升学习的潜意识,培养自主学习的思维意识,进而产生自我驱动的学习动力。

同时,自主学习也能够培养学生敢于质疑和勇于探究的精神。通过独立思考和多元视角的观察,学生能够拓宽对事物的看法,并不断发展自己的批判性思维能力。这种精神将对学生未来的学习和成长产生积极的影响,使他们具备更好的适应能力和创新能力。

因此,在高中阶段的音乐教育中推行自主性学习具有重要意义。它能够培养学生的自主学习能力、创造力和批判性思维能力,让学生更积极主动地参与学习,实现个人潜力的最大发展。同时,自主性学习也为学生今后在学习、工作和生活中的自主性和自律性提升打下坚实基础。

(三)音乐自主性学习能力的培养

1. 培养音乐自主性学习能力的必要性

对于音乐学科来说,学习方式需要更多样化,学习环境氛围也需要更加活跃,以培养学生的自主意识。然而,培养音乐自主学习能力并非一蹴而就,需要具备以下基本条件。

(1)内在必要性

学生需要对学习音乐怀有热爱,并拥有正确的学习态度。他们应该有随时投入学习的动机,并愿意主动学习。学生要真正喜欢音乐,并积极学习音乐的相关理论知识和技能,如音准、节奏和旋律的感知和表达能力。在学习音乐的过程中,学生应该享受音乐带来的乐趣,并保持积极乐观的人生态度。此外,学生需要善于思考和勤于练习,将艺术视为生命中不可或缺的一部分。只有这样,学生才能发展出综合能力,使音乐的表达超越言语。

(2)外在必要性

首先,音乐教育需要以先进的教育理念作为指导,鼓励学生进行自主学习。传统的音乐教育以教师为主导,学生在课堂上被动接受知识,缺乏自主权和选择权。为了解决这个问题,国家在教育改革中强调培养学生的自主学习能力,鼓励学生在学习中积极参与、探索和合作。教育部门应及时修订和完善学校教育,并关注学生在社会环境中的自主学习。其次,教师在音乐教学中要协调学生学习的高效时段,充分肯定学生的努力,充当教学的主导者。教师应与学生建立良好的师生关系,并在课堂教学中高效地完成教学目标,提高教学质量。此外,多媒体和现代音乐教学设备的应用可以突破时空限制,丰富教学内容,激发学生的学习兴趣。教师可以利用多媒体设计教学内容,充分发挥其在教学中的作用。通过多媒体的呈现方式,教师可以展示音乐作品、演示演奏技巧、播放音乐视频等,使学生能够直观地感受音乐的魅力和表达方式。

多媒体设备还可以提供更丰富的学习资源,包括音乐作品的录音、音乐家的演奏视频、音乐历史和理论的图像和动画等。这些资源可以帮助学生更好地理解和掌握音乐知识,拓宽他们的音乐视野。此外,学生还可以通过互联网和在线平台获取更广泛的音乐资源,并与其他音乐学习者交流和分享。

通过多媒体和现代音乐教学设备的应用,学生可以以更加互动和自主的方式参与音乐学习。他们可以使用电子乐器、音乐制作软件和音频编辑工具等进行实践和创作,培养自己的音乐技能和表达能力。同时,教师还可以利用在线学习平台和社交媒体等工具与学生进行交流和互动,提供个性化的指导和反馈。

总之,多媒体和现代音乐教学设备的应用为音乐学习提供了更加丰富、灵活和互动的学习方式。它可以激发学生的学习兴趣,培养他们的自主学习能力,并且促进学生与音乐的深入互动和创造。应注意的是,教师在利用这些工具时需要善于设计和引导,使其真正成为学生学习的助力。

2.培养音乐自主性学习的方法

（1）文献法

通过收集音乐相关的文献资料，学生可以深入了解音乐作品的风格、技巧以及作品所展示的历史、地理、哲学等方面的知识。这种方法可以激发学生主动学习的兴趣，并培养他们独立获取信息和分析问题的能力。例如，在学习《黄河大合唱》时，学生可以通过搜集相关的知识背景资料，加深对作品的理解和感受。

（2）专家访谈法

音乐是一门感性化的学科，通过访问专家或传承人，学生可以获得真实的音乐领域知识和经验。专家们经历了多年的研究和实践，在音乐方面有着独到的见解。通过专家访谈，学生可以了解到最新的音乐动态和研究成果，从而加深对音乐的认识和理解。

（3）讨论法

讨论法是培养学生合作能力和独立思考能力的重要方法。通过讨论和辩论，学生可以互相启发，各抒己见，共同探讨音乐问题，从而获得知识和巩固学习方法。教师可以通过提出问题、引导讨论和分析，促使学生主动参与，培养他们的批判思维和表达能力。

（4）探究法

探究法强调学生主动探索、独立解决问题的能力。学生在教师的指导下，通过阅读、观察、思考和讨论等途径，独立探索音乐知识，培养他们的创造性思维和解决问题的能力。这种方法可以激发学生的好奇心和探索欲望，让他们在问题中找到规律并应用于解决实际问题。

（5）音乐欣赏法

音乐欣赏法是教师常用的一种方法，通过创设情境，让学生以更加直观、切身的方式体验音乐。教师可以利用各种教学资源，如音频、视频、图片等，将音乐作品呈现给学生。通过观赏和聆听音乐作品，学生可以感受音乐的美感、情感表达和艺术特点。

通过音乐欣赏法，学生可以在愉悦的氛围中感受音乐的美妙，激发对音乐的兴趣和热爱，培养对音乐的审美能力和艺术鉴赏能力。同时，教师在音乐欣赏的过程中也可以引导学生发现音乐中的规律和特点，培养学生的观察力、思考力和创造力。

（四）提升高中音乐课自主性学习能力的策略

1. 教师要提高自身专业素养

（1）强化专业知识素养

教师需要持续学习和更新自己的专业知识。参加相关学科的培训、学科大赛以及关注国内外的最新科研成果都是提高专业素养的有效途径。通过这样的努力，教师可以更好地应对教学过程中的变化和挑战，并且能够给学生提供准确、全面的知识指导。

（2）培养创新型教学能力

教师应该具备创新教学的能力，不断改进教学方法和计划，使教学更加适应学生的需求和学习方式。教师可以尝试多样化的教学方法，鼓励学生参与到自主学习和探究中，培养学生的批判思维和创造力。同时，教师也应该具备灵活应变的能力，根据学生的实际情况进行个性化教学，提高教学效果。

（3）加大科研、学术的投入

教师应该注重科研和学术活动，不仅仅局限于教学工作。积极参与科研项目、研究课题，关注学科领域的最新研究成果，不断提升自己的学科水平。同时，教师也可以利用科研成果来指导自己的教学实践，提供更加科学和有效的教学方案。

（4）重视校内外音乐活动

教师应该积极参与和组织校内外的音乐活动，为学生提供更多展示才华和实践技能的机会。参与校园音乐活动可以培养学生的团队合作精神和艺术表达能力，同时也可以丰富学生的情感体验。教师的参与和引导对学生的音乐素养的培养起到积极的推动作用。

（5）建立和谐的师生关系

教师与学生之间的关系对于教学效果和学生的发展非常重要。教师应该尊重学生的意见和发言权，倾听学生的声音，并关注他们的学习和生活情况。

2. 积极应用多媒体及互联网技术

（1）多媒体教学资源

利用互联网，教师可以获取到丰富的音乐教学资源，如音频、视频、演示文稿等。这些资源可以用来展示音乐作品、演奏技巧、乐理知识等，使学生能够更加直观地理解和学习。通过多媒体资源，教师能够给学生提供更多的音乐前沿信息和实践案例，拓宽他们的音乐视野。

（2）虚拟学习环境

建立虚拟课堂和在线学习平台，可以为学生提供一个自主学习的环境。教师可以在虚拟课堂中指导学生，布置任务，接受反馈，并与学生进行在线交流和讨论。这种虚拟学习环境可以提高学生的自主性和合作能力，让他们在更自由的环境下进行音乐学习。

（3）互动和合作学习

通过互联网，学生可以在线上进行互动和合作学习。他们可以通过在线讨论论坛、协作文档等工具，分享自己的想法和作品，与其他学生进行交流和合作。这种互动和合作学习可以促进学生之间的交流和学习成果的共享，提高学生的学习效果。

（4）实时反馈和指导

利用互联网技术，教师可以及时给予学生反馈和指导。学生可以通过在线提交作品、录音、视频等形式，让教师进行评价和指导。同时，教师也可以通过在线平台提供实时的指导和解答学生的问题，使学生能够及时得到帮助和支持。

（5）跨地域学习和资源共享

互联网使得音乐教学可以跨越地域的限制。教师和学生可以通过网络进行远程教学和学习，借助互联网上的资源和工具，实现跨地域的学习和交流。同时，教师和学生也可以通过互联网分享自己的音乐作品和经验，实现资源的共享和互补。

虽然在一些地区互联网的普及程度有限，但随着科技的进步和数字化时代的到来，互联网的普及正在逐步扩大。

二、高中音乐合作学习模式与策略——以高中音乐鉴赏课为例

合作学习理论是一种具有创意性和实效性的教学理论与策略体系，被广泛采用于许多国家和地区的教育实践中。在《普通高中音乐课程标准（2017年版）》中，也强调了合作教学的重要性，并倡导学生在音乐活动中自主参与、合作探究实践的学习方式。教师可以通过科学的、系统的教学体系来营造高效的学习氛围。

（一）合作学习与高中音乐鉴赏课教学

高中音乐鉴赏课教学注重培养学生的音乐素养，通过聆听、体验和探究等方式来促进学生的参与感和自主性，培养他们的音乐审美感知和音乐实践能力。而合作学习正是能够让学生积极参与到课堂中进行音乐探究和体验的一种教学方法，能够充分发挥学生之间的协同性和个体能动性，更有利于高中音乐鉴赏课教学目标的实现。

1. 合作学习的理论概述

合作学习的历史可以追溯到几百年甚至几千年前，但对于现代教育中的合作学习概念的确立，可以追溯到20世纪70年代。当时，"合作学习"这一术语被明确提出，并在美国教育领域掀起了一股热潮。在中国，对于合作学习的系统研究始于20世纪80年代末，从20世纪90年代开始在部分学校进行实践。随着时间的推移，合作学习逐渐受到重视，在21世纪更是得到了广泛推崇，引起了众多教育研究者的关注。

合作学习是一种多种合作教学互动的综合体，具有复合性的概念。目前，对于合作学习并没有一个固定统一的概念界定，但可以将其定义为以异质小组作为基本形式，通过将学生分配到小组，并通过团队成员之间的互动，促进学生的学习，从而实现以学生为中心的教学目标。合作学习注重学生之间的协作与合作，通过团队合作和互动来促进知识的建构和理解，培养学生的合作能力、沟通能力和问题解决能力。

2. 高中音乐鉴赏课概述

在高中音乐鉴赏课中，学生通过聆听、体验、探究和评价等方式来欣赏和品鉴音乐作品。音乐鉴赏的目标不仅仅是获得音乐知识和技能，还包括培养正确的人生价值观以及艺术表现和创作能力。根据《普通高中音乐课程标准（2017年版）》，教材涵盖了世界不同国家、民族、时代和风格的音乐作品，音乐鉴赏的内容广泛且有一定难度。

3. 合作学习在高中音乐鉴赏课教学中实施的优势

（1）转变教师与学生的角色定位

合作学习使教师从知识的传授者转变为教学的促进者和组织者。教师引导学生主动参与到课堂中,通过互动合作的方式,让学生更加积极地参与学习,并展示自己的才华和能力。

(2)培养协同和创新能力

合作学习鼓励学生在小组内交流讨论、共同探索音乐作品,培养学生的协同合作能力。学生通过与同伴的互动和合作,在解决问题和完成任务的过程中培养创新思维和解决问题的能力。

(3)增强学生自信心

在合作学习中,学生得到同伴的夸赞和支持。这样的正向反馈能够增强学生的自信心,激发他们展示才华和表达自我的愿望。

(4)促进学生主体性发展

合作学习注重学生的个性发展,通过分配不同角色和任务,使学生在团队中发挥自己的能力和个性。学生在合作学习中可以展示自己的特长和才能,培养自己的个人独立性和团队协作能力。

综上所述,合作学习在高中音乐鉴赏课中能够转变教师与学生的角色定位,培养学生的协同和创新能力,增强学生的自信心,并促进学生的主体性发展。通过合作学习,学生可以更好地参与课堂学习,培养综合素质和艺术表现能力,实现音乐鉴赏课程的学习目标。

(二)高中音乐鉴赏课合作学习的策略设计与实践

1.帮助—接受型音乐鉴赏过程的合作学习

使用帮助—接受型音乐鉴赏过程的合作学习策略可以促进学生在音乐课堂中的参与度。以下是一些操作要领和评价方法。

(1)学习任务制订

教师应根据课程目标和内容制定任务,要求学生进行聆听、体验和感受音乐,并理解所学的音乐知识。任务应具有适当的难度和挑战性,鼓励学生思考和互动。

(2)小组设置

将学生分成两人一组,确保每个成员都有机会参与讨论和发言。在分组时,要考虑学生的异质性,尽量将音乐素养较好的学生与一般水平的学生组合在一起。

(3) 操作要领

教师在课前进行异质分组，并在课堂上进行讲授，同时布置全班共有的合作学习任务。小组内的学生针对教师所教的音乐知识或组织的音乐实践活动展开合作学习和讨论，互相帮助和消除分歧。

(4) 学习结果与评价

在合作学习初期，学生可能会受传统教学模式的影响，合作意识和能力可能有所欠缺。因此，评价的重点应放在培养学生的音乐合作鉴赏能力和团队合作意识上。教师可以通过观察学生在合作过程中的表现、互动和听取他们的讨论意见，以及展示他们的学习成果等方式进行评价。

通过帮助—接受型音乐鉴赏过程的合作学习，教师可以逐步引导学生从传统的被动接受转变为主动参与和合作学习，培养学生的音乐鉴赏能力和团队合作能力。随着合作学习的逐步深入和巩固，学生的参与度和合作能力将得到提升，并为进一步的音乐鉴赏课程打下良好的基础。

2. 协同—接受型音乐鉴赏过程的合作学习

协同—接受型音乐鉴赏过程的合作学习策略注重学生之间的相互协作和知识的双向传递。下面是该策略的一些操作要领和评价方法。

(1) 学习任务制订

教师根据课程内容和目标，制定与音乐鉴赏相关的任务。任务的难度适中，要求学生在协同的过程中进行聆听、体验、感受音乐，并掌握教师所讲授的音乐知识。任务的设计应包括认知层面和交流层面的要求。

(2) 小组设置

建议每个小组由四名学生组成，以保证充分的互动和合作。在分组时，要考虑学生的异质性，尽量将音乐素养水平较好、一般和较差的学生进行组合。在小组中，可以设立小组长，负责任务的分工和组织。

(3) 操作要领

该策略主要以全班授课为主，小组合作为辅。与第一种策略相比，最大的区别在于强调小组内任务的分工。各小组的总任务是相同的，但小组内成员所分的子任务是不同的。接受相同子任务的成员可以组成临时小组，进行讨论和交流意见。掌握了子任务后，临时小组解散，回到基本小组，成员互相教授和确保每个成员掌握自己负责的子任务。最终，所有小组的子任务汇总成为完整的总任务。

（4）学习结果与评价

通过学生之间的合作与任务分工，促使他们积极参与音乐探索，分析和理解音乐作品。随着合作的进行，学生的合作热情逐步提高。然而，个别学生可能在小组中扮演次要角色，这时需要教师关注并鼓励学生积极参与音乐鉴赏的合作学习。

通过协同—接受型音乐鉴赏过程的合作学习策略，学生可以通过与同伴的合作和交流，共同探索和理解音乐。这种策略鼓励学生在合作中发挥主动性和创造性，培养他们的合作能力和团队精神，从而提高音乐鉴赏的效果和学习成果。

3. 帮助—发现型音乐鉴赏过程的合作学习

帮助—发现型音乐鉴赏过程的合作学习策略注重发散性思维和学生的创造性。以下是该策略的一些操作要领和评价方法。

（1）学习任务制订

教师与学生共同制定任务，任务内容是非良构问题，具有开放性和创新性。任务的难度较高，需要学生运用发散性思维进行总结、比较、发现、设计和创新等。任务的设计应促进学生拓宽思维和大胆想象，并鼓励学生集思广益。

（2）小组设置

建议每个小组由四到五名学生组成，以确保每个成员都有机会发表自己的意见。在组织合作活动时，可以根据任务的性质选择不同的交往结构。

（3）操作要领

该策略主要以小组形式展开，每个小组围绕一个问题进行讨论和探究。各小组的任务相同，不进行分工，小组内成员之间的互动一般是多向的，成员在小组内进行合作探究，相互帮助，共同解决问题。在开始讨论之前，教师可以对课程目标进行讲解，降低学生合作讨论问题的难度，为他们的合作学习提供一个良好的前提条件。教师还应鼓励学生在合作学习中积极发现和创新，并让他们在每一个有效的发现中感受到快乐。最后，小组整合讨论和研究的结果，并由一名发言人代表小组进行成果汇报。

（4）学习结果与评价

通过帮助—发现型音乐鉴赏过程的合作学习策略，学生通过小组对话和讨论，培养发散性思维和探索发现能力。这种策略可以激发学生对音乐学科的兴趣，提高课堂的活跃度，并培养学生的合作技能和创造性思维。然而，由于不强调小组内的分工，有时会出现小组成员地位差异的情况。因此，教师应积极鼓励学生参与，并确保他们真正发现和创造。

4. 协同—发现型音乐鉴赏过程的合作学习

协同—发现型音乐鉴赏过程的合作学习策略是一种相对难以掌握的策略，它要求将学习活动延伸到课堂之外，并强调在合作中进行探究和发现。以下是该策略的一些关键要点。

（1）学习任务制订

任务的制订可以由教师、学生或师生共同制定。任务内容应该广泛而具备实践性，不局限于课本，贴近学生的兴趣和生活。任务可以分解成几个子课题，范围广泛且难度较高，需要多人合作完成。学习资源和形式应多样化，以学生自己收集资源为主。在任务制订过程中，教师可以使用一些关键动词，如探究、设计、运用、建构和创造等认知层面动词以及集思广益、制订计划、发表建议和概括总结等交流层面动词。

（2）小组设置

建议将小组规模设置为六人一组。由于任务难度较高，人数多有助于完成任务，并减少教师监管的小组数量。小组成员的人数可以根据研究课题的灵活性进行调整，如果课题难度大且历时较长，也可以适当增加到八人组。学生可以根据自己的兴趣自行组队，教师可以参与分组以确保各个子课题的研究人数均衡。

（3）操作要领及案例再现

该策略的实施主要以课外活动为主，但教师的讲授仍然是必要的。课题是在全班教学的基础上拓展延伸出来的。

第一步，分组：围绕课题进行分组，每个小组的任务不同，组内成员明确分工，各自负责自己分配到的子任务，教师需要对每位学生给予同等关注。

第二步，制订任务单：小组完成任务分配后，制定探究活动的任务单，包括探究内容、成员和分工。

第三步，开展探究：根据制定的计划，小组成员开始实施任务。这一阶段需要较长的时间，并且需要多种不同的智能参与。探究活动可能需要走出课堂，甚至到校外，教师需要努力为学生创造探究条件，同时小组成员之间需要随时进行信息共享。

第四步，展示成果：小组成果是各成员努力的结晶，在向全班展示之前，教师需要提前浏览各组的成果，以避免在汇报时出现打断情况。最后，各小组派代表向全班进行汇报。

第五步，进行评价：在汇报结束后，进行简单的评价，有利于改进探究活动的质量。首先由学生进行评价，最后由教师进行补充总结。

（4）学习结果与评价

该策略主要以课外教学为主，通过学生自主选择感兴趣的音乐课题进行探索和学习，结合课外相关文化知识，使学生对音乐作品有更深层次的理解和感受。同时，学生也能领悟音乐的社会意义和文化内涵，提高音乐鉴赏能力。

以上是高中音乐鉴赏课中协同—发现型音乐鉴赏过程的合作学习策略的设计。这些策略并没有优劣之分，只是根据音乐鉴赏内容的不同，在不同时段选择不同的合作方法形成了不同的策略。它们之间可以相互交叉和重叠，并且可以在一节课中同时使用几种策略。

第二节　核心素养导向下的高中音乐深度学习模式

一、音乐深度学习的基本特点

（一）挑战性

深度学习强调学习者在音乐学习过程中的主体地位，教师应该为学生提供具有挑战性和难度的学习活动，正如《论语》中所说："取乎其上，得乎其中；取乎其中，得乎其下；取乎其下，则无所得矣。"这样才能构建基于合作与互动的学习共同体，实现音乐课堂中师生真正的视域融合，形成学习过程中相互渗透的状态。教师的角色应该是为学生提供自主操作和发展的重要角色，并尽可能为学生提供参与学习活动的机会，引导他们动员身体、头脑和心灵去感知学习的过程。[1]

---

[1] 庄安琪.核心素养导向的高中音乐深度学习模式研究[D].西安：陕西师范大学，2021.

在学习内容相对困难的情况下，教师的引导地位会更加凸显，直接的讲解可以提高教学效率。然而，如果教学活动经过精心设计，就会要求学生预习并使用新技术设备进行自主创新，例如，让学生使用设备进行协作创作小规模的音乐作品，学生的主体地位将大幅提升，而教师的辅助地位将得到彰显。换句话说，深度学习的变革使得教学情境发生变化，师生的身份也能够相互转化。作为教学设计者，不应该固守一成不变的主体地位，特别是在音乐、体育、美术等非知识学科的课堂中，师生的主体地位的频繁互换是有益的。这是因为音乐学科的特点既存在于情感和创造中，又存在于实践和活动的过程中，直接的感性体验必须通过具有挑战性的活动和积极主动的参与来获得。同时，技法和乐理看似对学生的音乐体验施加限制，但它们对学生的实践提出了高要求和指导。综上所述，学生的主体作用需要通过具有挑战性的音乐学习活动来激发。同时，教师的引导对于情感体验类的艺术学科可以确保有效地掌握艺术知识和技法的有效展开和辅导。

　　教师不应该直接向学生传授书本内容，学生的学习内容是经过教师分析、挖掘和加工后呈现出来的，是富有教师智慧的产物。在任何学科的学习过程中，都强调"举一反三"，即抓住知识的本质，能够有力地促进学生学会学习，并逐渐培养教师和学生对学习对象挖掘和加工的能力，这是进入深度学习的第一步。在此基础上，音乐课堂需要为学生提供更多的实践空间。不论是"认知""参与"还是"理解"，都强调在核心素养统领的音乐课堂中，更加关注学生的亲身体验。因此，如何高效地组织课堂各个环节是必须要考虑的问题。

　　相关学者曾指出，具有挑战性的学习对于实现深度学习达到学力目标，能够带来"奇迹般的效果"。这一点同样适用于非知识学科。因此，在音乐课堂中，学生的主体作用需要通过具有挑战性的学习活动来激发。同时，教师的指导在感性艺术学科中可以确保对于困难进行挑战，如艺术知识和技法的有效展开和辅导。因此，教师的主体地位并没有完全被抛弃。

　　综上所述，在深度学习中，教师的角色不仅是知识的传授者，更是学习的引导者和学习共同体的组织者。教师需要为学生提供有挑战性的学习活动，促使学生在学习过程中充分发挥主体作用。同时，教师的引导和辅导在学科学习中仍然起着重要的作用，确保学生能够有效地掌握知识和技能。通过学生与教师的互动和合作，形成学习共同体，实现音乐课堂的视域融合，让学生在探究中不断成长和发展。

（二）主体性

音乐教育的人本主义思想强调不仅要关注具有特殊才能和天赋的学生，还要注重音乐学习中的机会均等和"有教无类"的原则。这意味着教师在音乐教学过程中应该考虑学生的个人特点，真正以人为本。学生作为学习的主体，在学习过程中探寻各个环节的意义，并不断发现兴趣和下一个阶段的目标。所有的学习都是为了在生活中运用这些知识解决问题，例如数学可以帮助购买食物，英语可以帮助在国外用餐，语文可以帮助与人交流沟通。所有这些都旨在让人们的生活变得美好和顺畅，这就是实用学习的意义。

在深度实践活动中，师生的主体身份会在不同阶段频繁地互换，师生之间、生生之间的角色承载着灵活多变且富有想象力的特点。当课堂活动进行时，参与者的主体身份也在不断变化。在高中音乐的深度学习课堂中，会出现不同的身份角色，例如评价者、创作者和表演者。在深度实践活动的不同阶段和环节中，角色会发生转化，无论是师生之间还是学生之间，课堂中的参与者可以扮演这些角色中的任何一个。在完整的教学活动中，主客体之间的变化，教师应该主动地适时"后撤"。

需要注意的是，上述角色的变化中，教师需要把握两个方面：首先是角色定位。这涵盖了对音乐共同要素的分析，指向了深度学习，以提高学生的音乐知识和基础理论水平。其次是指教师应该大方而得体地对艺术表现活动进行评价，评估其是否具有美感，是否能够引发共情等，甚至可以进行音乐批评的实践，这是一种有意义的尝试。主客体的地位并非固定不变，而是相互辅助、可灵活转换的。在音乐课堂中，师生之间的角色可以相互转换，互为主体，相互合作，共同推动学习的进行。

因此，在音乐教育中，教师应该以学生为中心，关注每个学生的个人特点和需求，真正做到以人为本。教师不应该只关注有特殊才能和天赋的学生，而是要给予每个学生平等的学习机会，遵循"有教无类"的原则。通过了解学生的兴趣、能力和学习风格，教师可以根据个体差异进行个性化的教学设计，为每个学生创造有意义和有挑战的学习体验。

在音乐课堂中，学生作为学习的主体应该在探索和发现中建立对音乐的兴趣和目标。教师的角色不仅是知识的传授者，还应该是学生学习的引导者和激发者。教师应该提供多样化的学习活动和材料，激发学生的创造力和想象力，并鼓励他们在学习中自主思考和表达。通过组织多样化的实践活动，如体验、表演和创作，学生可以在音乐学习中充分发挥主体作用，并不断转换角色，从评价者到创作者、表演者等，以丰富和深化他们对音乐的理解和表达能力。

教师的角色也需要根据学习环节的不同进行灵活转换。在深度学习的音乐课堂中，教师应该适时地退居幕后，给予学生更多的自主性和探索空间。教师可以成为学生的合作伙伴和指导者，与学生共同参与学习活动，共同解决问题，共同创造和分享音乐的美。通过这种方式，教师能够更好地了解学生的需求和兴趣，提供个性化的支持和指导，帮助学生实现自我价值和全面发展。

总之，音乐教育的人本主义思想要求教师关注学生的个体差异，真正以人为本，注重机会均等和"有教无类"的原则。教师应该在教学中考虑学生的个人特点，激发学生的兴趣和目标，并创造积极、富有挑战性的学习环境。同时，教师的角色也需要灵活转换，与学生共同参与学习，推动学生的主体地位和全面发展。教师在音乐教学中不仅是知识的传授者，更是学生学习的引导者和激发者。[1] 教师应该通过个性化的教学设计和多样化的学习活动，激发学生的创造力和想象力，培养学生的批判思维和解决问题的能力。教师还应鼓励学生在音乐学习中表达自己的情感和思想，培养学生的审美能力和艺术素养。

（三）协同性

体验的、自主的、探究式的、合作的学习是实现音乐的深度学习的不可分割的要素。个体探究和集体合作是相辅相成、相互依存的整体，它们在音乐学习中相互结合。个体探究是学习者自主进行的一种学习方式，而集体探究则体现了协同合作的特点。学习者在个体自主探究之后，经过集体协作完成课堂任务设计，个体探究又成为集体合作的基础。同时，团体协作也可以增强生生之间和师生之间的经验和能力互补，共同提高。[2]

---

[1] 黄培明，郑寿. 高校创新人才培养模式浅谈 [J]. 福州大学学报（哲学社会科学版），2003(04):104—106.

[2] 庄安琪. 核心素养导向的高中音乐深度学习模式研究 [D]. 西安：陕西师范大学，2021.

音乐深度学习中的协同性学习主要体现在学习者在音乐学习实践活动中，与不同形式的团体进行内部合作。在深度学习过程中，多元的关系，如信任、补充、批判、促进、配合、磨合、容忍和提高等，是关键，也是实践的必要副产品。评价环节中的组内评价、组间评价和师生评价，都能够反映协作学习的结果，学习者本人可以清晰地体会到学习质量的变化。通过协作、信任和促进得以加强。

音乐学科本身提供了合作的契机，例如合唱、合奏和音乐实践活动，这些直接促使了教学方式的改变。通过集体合作的音乐实践，学习者可以培养合作精神、团队合作能力和沟通交流能力。同时，合作也可以促进学习者之间的互相学习和借鉴，不仅加深了对音乐知识的理解，还提升了音乐表达和创作的能力。

总而言之，体验的、自主的、探究式的、合作的学习是音乐深度学习的核心要素。个体探究和集体合作相辅相成，通过协同合作学习，学习者可以在实践中获得丰富的经验和能力提升。音乐学科本身提供了合作的机会，促使学习者通过合作活动来增强音乐学习的效果和意义。教师在音乐教育中应积极引导学生进行体验、自主、探究和合作的学习。

二、高中音乐深度学习的意义

音乐作为人类文化的产物，音乐教育的目标之一就是培养学生积极向上的心灵，引导学生关注社会。特别是在当前全球化时代，加强各民族之间的理解和各文化之间的沟通与理解变得更加重要。音乐不仅仅是艺术的问题，它也反映了文化。因此，音乐的深度学习具有重要的意义。

长期以来，高中音乐课常常被视为"休息课"或者"睡觉课"，课堂上只注重让学生随意表演、参与，甚至玩耍，这种学习方式只停留在表面。然而，音乐的深度学习要求我们深入了解音乐，通过音乐发展学生的综合能力。在这种情况下，培养核心素养就必须走向深度学习，只有这样才能逐渐深入理解音乐的人文内涵。例如，近年来我国高考试卷中频繁出现与音乐相关的考题，虽然表面上考察的是音乐，但实际上考察的是学生的综合素养以及音乐本身潜在的意义。这就像哲学语言学中的"能指"和"所指"，音响层面是能指，既要让学生理解音乐的表面、音响层面，同时也要理解音乐的所指，即音乐的内涵和所表达的内在文化。

当进入音乐的深度学习时，学生们在上完一节音乐课后获得的不仅仅是音乐技巧和技能。例如，在合唱或合奏课中，学生们通过相互合作意识到合作带来的快乐和重要性。此外，随着我国文化战略对中华优秀传统文化的强调，通过音乐的深度学习逐渐加强学生的文化自信心，促进中华优秀文化的发展与传承，也能让学生了解其他民族和地区的文化，形成正确的文化价值观。

音乐教育旨在通过深度学习培养学生积极向上的心灵，引导学生关注社会，加强民族之间的理解和各文化之间的沟通与理解。深度学习不仅帮助学生掌握音乐技巧和知识，更重要的是培养学生的综合能力和人文素养。通过音乐的深度学习，学生可以发展音乐创造力、表达能力和批判思维，提升审美意识和情感表达能力。此外，深度学习还能培养学生的团队合作精神、领导能力和解决问题的能力，增强学生的创新意识和创造力。

（一）促进学科核心素养的发展

审美感知素养、艺术表现素养和文化理解素养是音乐教育中重要的核心素养。这些素养的培养不仅涉及学生对音乐的感知和表达能力，还关乎学生对音乐背后文化内涵的理解和认知。

培养学生的审美感知素养意味着让学生具备辨别、欣赏和评价音乐的能力，不仅要听懂音乐，还要能够理解音乐的情感表达和文化内涵。这需要学生通过深入地学习和实践，逐渐培养对音乐元素、形式和风格的敏感性和理解力。

艺术表现素养的培养要求学生参与实际的音乐表演和创作活动，通过亲身实践和合作探索音乐的表现方式和艺术创造过程。这样的实践不仅能够提高学生的音乐技巧和技能，还能培养他们的自信心、创造力和合作精神。

文化理解素养的培养是通过学习和探索音乐与文化的关系，使学生能够理解和欣赏不同民族和地区的音乐文化，增强跨文化的理解和交流能力。这有助于培养学生的文化自信心和全球视野，促使他们更好地融入多元文化的社会。

通过全面培养这些核心素养，音乐教育能够使学生获得更深层次的音乐体验和理解，培养他们的审美情趣、艺术表达能力和文化素养。这不仅有助于学生的个人发展，还能够为他们成为全面发展的人提供重要的支持和基础。同时，音乐教育也应该致力于突破传统的教学模式，注重培养学生的综合能力和创新思维，使其能够在音乐领域展现更多的潜力和才华。

（二）促进学生思维能力的提升

深度学习确实需要教师选择具有挑战性的学习内容，超越教科书的水平，并引导学生在解决问题的过程中进行反思和思考。这样的学习过程能够激发学生的好奇心和求知欲，促使他们积极参与和探索，从而培养高阶思维能力。

在音乐教育中，深度学习不仅仅是学唱一首乐曲或了解一些音乐知识，而是要通过分析和理解所学内容，使学生能够在学习过程中运用自己的认知基础和生活经验，形成系统化的知识结构。这样的学习方式可以培养学生的批判性思维、创造性思维和问题解决能力，使他们能够独立思考、分析和评价音乐作品。

教师在设计课程时的重要任务是引导学生参与到需要超越现有水平才能掌握的学习中。这意味着教师需要提出有挑战性的问题，激发学生的思维想象，并在学习过程中鼓励他们进行尝试、正视错误和反思。通过与教师和同学的互动和合作，学生可以逐渐攀登知识的高峰，并形成自己的理解。

深度学习的过程不仅仅是注重知识的掌握，更重要的是培养学生的学习能力和思维方式。通过深度学习，可以培养学生批判性思维、创造性思维、解决问题的能力以及持续学习的动力，为他们未来的学习和发展打下坚实的基础。

（三）形成正确的音乐文化价值观

音乐的深度学习应该关注学生的全面发展，并且将教育与生活紧密联系在一起。学习的内容应该来源于学生的生活经验，使学习成为学生全身心投入的过程。教育学家杜威和陶行知都强调教育与生活的紧密关系，认为教育应该融入生活，源于生活。

世界上的不同地区、民族和国家拥有不同的文化，正是这种多元性使得世界文化发展多姿多彩。在过去，受西方传统哲学的影响，我国的音乐教育存在着一些问题，如对音乐文化的认识匮乏、音乐元素单一等。然而，随着后现代哲学思潮的兴起和多元文化音乐教育的发展，我国的学校音乐教育正朝着多元化的方向发展。新课标所界定的音乐学科核心素养已经显示出我们正在朝着多元音乐文化教育的方向迈进，越来越多的新元素正在融入高中音乐教材。

音乐教育不仅仅是审美教育，更重要的是人格教育。文化理解素养体现了对文化内涵、人文精神等多个方面的理解。学校音乐教育在两个方面发挥着重要作用：一方面，通过课堂教学，让学生接触来自不同地区和文化传统的音乐，丰富学生的审美体验，建立平等的文化价值观，明确不同表现形式只是不同文化的表达方式；另一方面，通过课堂教学，传承中华优秀传统音乐文化，让学生深刻感受中华文化的丰富性，增强学生的文化自信。通过音乐的深度学习，实现以美育人、以文化人的目标，从而达到立德树人的根本目的。

综上所述，音乐的深度学习应该将学生的全面发展放在首位，紧密结合学生的生活。通过丰富多样的音乐内容和多元文化教育，培养学生的审美能力、文化理解能力和人格素养，从而实现教育的目标。这样的教育方式可以激发学生的思维想象力，可以培养学生的创造力和解决问题的能力，为学生的未来发展奠定坚实的基础。

三、高中音乐深度学习的教学模型设计

（一）高中音乐深度学习的双螺旋模型

高中音乐深度学习的双螺旋模型旨在引导学生从接受性的学习倾向向实践活动和感知体验的倾向转变。该模型以学习阶段、参与阶段和迁移阶段为基础。

1. 模型设计

（1）学习阶段

学生在这个阶段接受音乐知识和进行聆听感知。教师向学生传授音乐知识，如音乐符号、乐谱、音乐要素、形式、音乐作品和作曲家的基本信息。同时，教师帮助学生设立聆听目标，辅助学生产生情感体验，并初步感知和体验音乐作品的表现形式和情感表达。

（2）参与阶段

在这个阶段，学生参与活动探究、联系经验、交流互动、表现实践和反思重构。活动探究是通过创设音乐学习情境、开展实践活动来引发学生思考，并提升他们的音乐学习兴趣和学习动机。联系经验是将音乐经验与生活经验相结合，让学生将默会知识运用到音乐学习中，并持续思考自己的音乐实践经验。交流互动是建立积极的互动关系，包括学生之间和师生之间，营造尊重、平等和宽容的课堂文化氛围，促进积极的音乐学习体验。表现实践是学生自主选择音乐表演活动，

展现个人音乐情感表达和创造力,并通过多种实践形式满足个性化发展的需求。反思重构是学生在实践活动中及时发现和解决问题,对实践内容和结果进行反思和检验,促进其在新情境中对音乐挑战的探究和解决,实现新旧经验的双向建构。

(3)迁移阶段

在这个阶段,学生进行多元文化理解、运用与创造和培养音乐价值观。多元文化理解是突破以欧洲为中心的音乐文化格局,培养学生开放、尊重、多样和平等的音乐视野,提升学生的多元文化音乐理解能力,并形成个人的音乐文化理解方式。运用与创造是学生基于自身音乐理解,在参与或自主实施音乐项目的过程中,为个人音乐创造性发展提供机会。他们积极参与音乐活动,享受音乐理解的过程,追求更高的音乐表现能力,并不断检验自己在音乐运用与创造方面的水平。

音乐价值观是培养学生对音乐终身学习的态度、对他者音乐文化的认同以及对音乐学习兴趣的不断激发。学生逐渐形成对音乐学习的持续热情和追求,并在礼乐文明的内在精神力量的指引下,建立起对音乐的真正价值观念。

这个双螺旋模型的特点在于,教师作为学生学习的引导者,以学习结果为导向进行教学目标和评价的设计。学生通过不断循环的学习过程,从接受性的学习阶段逐渐转向实践活动和感知体验的参与阶段,最终达到迁移阶段的深度学习,促进音乐学科核心素养的养成。

这个模型以螺旋的形式呈现,通过挑战和问题的不断提出与解决,推动学生的知识深度和广度逐步递增。同时,学生在活动探究、交流互动和表现实践等环节中,逐渐提升人际交往能力、音乐实践能力和文化理解能力。

通过采用这个双螺旋模型,高中音乐教育能够更好地引导学生进行深度学习,从而培养学生全面发展的音乐素养。

2. 构成要素

(1)教学目标设计

为了实现音乐深度学习的特点,教学目标应该既考虑学生已有的和将有的知识学习结构框架,又要培养他们的迁移能力,并落实学生全面素养的培养。在这一过程中,教学目标和教学评价相互作用,成为高中音乐深度学习的两股前进动力。教师可以根据学生在各阶段学习后的学习状态和效果进行正确评价,并利用评价结果来制定下一阶段的教学目标。

在指导音乐深度学习时，教学目标应该以学习结果为导向，采用动态的逆向教学目标设计。这意味着教师可以通过聚焦音乐学科的核心素养和围绕具有挑战性的迁移性学习任务，逐步确定教学目标。只有通过面对真实情境和具有挑战性的任务，学生才能真正实现教育目标，使他们能够应对现实世界中的机遇和困难，而不仅仅是对有限提示作出表面回应。

举例来说，在音乐学科中，一个真实的挑战是将一套复杂的指令转化为一首流畅而动人的完整曲目，而不仅仅是学习一些音符。学生通过演奏特定曲目（以及对他人表演的鉴赏）可以展现他们对挑战的掌握程度。在音乐与戏剧模块中，核心的真实挑战是学生是否能够在舞台上完整而优雅地扮演角色并展示形神兼备的表演或演唱能力。

因此，针对音乐深度学习的教学目标设计应该以学习结果为导向，采用动态的逆向设计方法。教师可以聚焦于音乐学科的核心素养，并围绕具有挑战性的迁移性学习任务来确定教学目标。这样的设计能够帮助学生应对真实情景中的挑战，培养其深度学习和迁移能力。

（2）教学评价设计

深度学习评价应该持续贯穿于教学和学习的整个过程中，并实时、深入地反映学生的学习能力信息。教学评价作为帮助学生深度发展的推动力，应该始终伴随在教学和学习过程中。在深度学习中，评价应更多地关注学生对知识的理解和建构，着重评价学生学习的质量，而不仅仅是回答问题是否正确或接近标准答案。

深度学习评价是分层的，这意味着教师可以根据学生的不同水平设定不同的标准和采用不同的教学策略。这不仅可以帮助学生清晰地定位自己的学习水平，还能提升不同层次学生的自尊心和培养健全的学生人格，从而使他们能够继续朝着深度学习的目标前进。此外，自我评价作为深度学习评价的重要组成部分，使学生成为了评价的主体和对象，因为他们对自己的学习情况了解最清楚。通过自我评价，学生能更有效地监控自己的学习进展，促进学习的持续改善。

因此，深度学习评价设计应该贯穿整个学习过程，实时、深入地反映学生的学习能力。评价应该关注学生对知识的理解和建构，注重学习的质量。分层评价可以个性化地指导学生,并培养他们的自尊心和健全的学生人格。此外,自我评价能够帮助学生监控和改善自己的学习,起到深度学习所需的监控作用。

(3)知识传授

在学习的知识传授阶段,语言成为人类沟通、交流和传达信息的主要工具之一。因此,传统音乐教学中最常用的教学方法之一是讲授法。讲授法可以采用讲解、讲述、讲演、讲评等形式。

关于音乐思维和认知的语言知识,有些学生可能需要通过交流来进入行动中的思维,除了音乐聆听和音乐活动之外,这些知识通常在音乐教科书中呈现。然而在表演艺术领域中,过程性知识和语言性知识之间的关系变化很大。有时学生的理解不仅依赖于语言方式,还依赖于非语言方式。有些学生可以通过口头表达来阐述自己的见解,而有些学生可能不擅长言语表达,但他们对音乐的理解可能达到高级水平。因此,对于音乐教育来说,语言知识并不是先决条件或必要要求。

在音乐教育实践和哲学的视角中,积极主动地解决音乐问题需要运用语言知识和思维。尽管语言对话对音乐教育有益,但绝不能取代积极主动的音乐活动和聆听活动。关于音乐作品和音乐活动的语言概念、对话、时机和讨论话题应该在实际活动中,与动态的音乐问题及其解决自然地结合起来,并进行讨论。

因此,知识传授阶段应采用多种教学方法,包括讲授法,以满足学生对音乐的理解和认知需求。同时,强调在实际音乐活动中应用语言知识和思维,促进积极主动的音乐学习和思考。

(4)聆听和感知

学生通过初步的聆听来感知音乐,音乐教师需要了解如何动态且适当地促进音乐聆听。音乐聆听是思维和认知的重要形式,尤其是当学生学会如何全身心投入、运用情感和以往经验去聆听时。音乐聆听作为对音乐体验的初始阶段,也是音乐审美心理活动的起点。尽管学生获得的只是一种直觉的整体感受,但这种对音乐的直接感受是实现音乐深度学习的起点。教师需要引导学生从形成理解到实现内涵的音乐体验的外在表达,再到创造性、个性化地主动再现音乐。

要深度理解作品的音乐风格以及它想要表达的意蕴,需要在亲身体验的基础上形成。深度理解是将感觉和具体体验转化为更高层次的目标行为(即"领悟")。不仅音乐学科,所有学科的实践活动都能给学生带来丰富的体验,因为它们激发了复杂的心理过程。音乐通过声音和音响唤起心智中的各种印象，包括回忆、视听、触感和思绪。只有通过深入的音乐实践，加深对音乐及其本质和表现要素的体验，学生才能更进一步地领会和掌握音乐。学生置身于趋近真实的音乐活动情境中，体验会更加强烈，他们的音乐感觉会变得更加敏锐、细腻，对音乐作品会有更综合、整体的把握。

因此，在音乐教学中，教师应注重培养学生的聆听技巧和感知能力，引导他们通过实践来深入体验音乐。同时，创造具有真实情境的音乐活动，激发学生的音乐感受，使其在实践中获得丰富的体验，从而提升对音乐的理解和表达能力。

（5）探索性学习活动

在进入参与阶段时，教师所设计的音乐活动应注重全体师生的参与，并促使他们进行深入的探究和交流，同时不断建构多层次的互动。这种超越学习者个人的学习特征，即向他人学习、向周围世界学习，正是深度学习在各个维度中的体现。因此，教学方法应以个别学生的特点为基础，通过与教师和同学的互动与碰撞，不断超越自我，实现个性化的教学。

在音乐教学中，引入探索性学习活动是至关重要的。这样的活动要求学生积极参与并持久地专注于深入探究，并通过交流与合作来增进彼此之间的理解。教师可以设计多种多样的活动，以激发学生的好奇心和探索欲望，让他们通过实际操作和互动来发现和理解音乐的各个方面。这些活动应该鼓励学生积极参与，从而培养他们的批判性思维和解决问题的能力。

此外，在学习过程中，教师还应重视学生之间的合作和交流。通过小组合作、集体讨论和互动演示等形式，学生可以相互借鉴和学习，共同探索和掌握音乐技能和知识。这种合作学习的环境有助于培养学生的团队意识、沟通能力和协作精神。

综上所述，活动探究在音乐教学中具有重要意义。通过引入探索性学习活动，以个性化的方式满足学生的学习需求，并通过合作与交流促进学生的深度学习。这样的教学方法将激发学生的兴趣和参与度，提高他们对音乐的理解和表达能力。

（6）联系个人经验

学生不应被错误地认为是一张白纸，例如高中生已经具备丰富的听觉经验和音乐聆听经验。因此，音乐教育应该建立在学生已有的经验和能力基础上。

音乐深度学习旨在促进经验的联系，这种联系既涉及逻辑性的思维，又涉及直觉性的感知。它不仅包括概念和观念，还涉及情感和意义的体验。只有这样的学习才是有价值的，它不仅关注新旧知识的融合，还关注学生的行为、态度甚至人格的发展。

总体而言，只有学生全身心地投入、主动参与，并且持续地对自己进行评价，才能使他们以不同的方式在外显认知和内隐认知之间自如地穿梭，从而获得对音乐主题更深刻的理解。这种学习方式使学生具备更加创造性的思维，最终为追求音乐带来更多的意义。

因此，教育者的任务是引导学生将个人经验与音乐学习相联系。通过学生全身心地参与音乐活动，并通过不断评价和反思，他们能够更好地理解音乐，发展自己的音乐能力和创造力。这样的教学方法将激发学生的兴趣，并帮助他们更深入地探索和体验音乐的世界。

（7）互动与交流

首先，在课堂活动中，相互尊重和平等包容是学生更深入参与的必要前提。这种氛围不仅有助于信息传递和交流，还能激发学生的学习欲望。建立学习社区，并培养合作精神和关怀文化，而真正培养课堂中的合作精神，不是仅强调竞争而忽视合作，而是能够唤起学生健康、美好的爱的本性，才真正符合音乐学科教育的意义和本质。

其次，有意义的音乐教育过程必然体现了与他人和环境的互动。为了超越已有的音乐经验，获得更深层次的理解和实践，学生需要走出自己的舒适区域，自主模仿、建立学习支架、参与引导，并最终内化经验，彼此共同成长。

最后，这要求教师尽可能为学生提供足够的空间和时间，让他们在音乐中自主感受和探索。学生之间应形成自由而合作的交流氛围，相互帮助寻找解决问题的方法，相互交流想法，开拓更多可能性。在这个过程中，学生可以亲身体验解决问题和批判性思考的过程，并从中获得学习的自信，发现集体音乐学习过程中的乐趣。举个例子，在音乐鉴赏课上，可以将一首协奏曲想象成一个有剧情的故事，学生可以自主添加伴奏和描述故事情节，每个人都可以做出贡献，最终形成一个可以演奏的集体故事。通过深度改造学习材料和学生之间的合作，课堂变得丰富而高效。

因此，音乐教育者应该努力为学生创造积极的互动和交流环境，鼓励学生自主学习和合作学习，从而促进他们的学习效果和乐趣的提升。

（8）实践与表现

学生不仅需要理解和掌握音乐，还需要表达和展现他们对音乐的理解，能够从内在的体验转化为外在的表达，才能使音乐体验得以真正传达。音乐作品具有不断变化的活力，它是一种富含情感和深层意义的人类活动。个人对音乐的感受能力与他们在音乐中的表现能力之间存在着密切的相互联系，个人审美体验的丰富程度和音乐素养的发展直接影响着音乐的表达。然而，更重要的是表达作品内涵的能力，这取决于表现行为本身是否经过深思熟虑。演唱、演奏、表演等音乐表现形式，并不仅仅是准确的展示技巧，而是高度个人化的、自主体验的自我表达，必须具有意义。于此，应该努力让学生通过触及内心的状态来表达音乐，赋予作品个性化的魅力，使其更具感染力。

在深入参与学习的阶段，教师需要引导学生从形成对音乐的理解到实现内涵的音乐体验的外在表达，再到创造性的个性化的音乐再现。在基于体验和感受的基础上，学生通过思维和判断，进一步将知觉转化为认知，理解音乐知识和概念，从而全面把握音乐作品的综合性和整体性，使音乐形象变得生动。随着感知和思维的深度融合，对音乐的理解也变得更加丰富和完善。

因此，音乐教育者应该引导学生在音乐实践中进行表达，并注重个人的创造性和独特性，使其音乐表演充满活力。同时，教师应该通过引导学生深入思考和感知，帮助他们理解音乐的内涵和意义，以便能够在表现中展现深思熟虑的音乐理解。通过这样的实践与表现，学生可以更好地体验音乐，表达自己的想法，并赋予作品独特的魅力。

（9）反思与重构

①反思与重构的内涵

反思本身是一种深度思维，有助于揭示事物的本质和核心。在本模型中，反思性学习的理念被融入其中，强调学生的反思意识和能力，使他们能够通过反思来探索和创造，摒弃了被动地接受和浅层的"接受—记忆"式学习。在高中音乐学科的深度学习中，反思性教学可以分为以下几个阶段：首先，学生在具体的情境中产生真实的音乐体验，特别是在一个引发学生兴趣的连续活动中产生困惑或疑问；其次，学生通过基于自身经验的不同层次的讨论活动，同时反思和审视自己的学习过程；再次，基于以上的基础，学生主动地获得新的音乐经验，他们的音乐认知结构在融会贯通的过程中得以发展；最后，根据新的实践内容验证前面三个阶段提出的活动方案，如此循环往复，不断提升，音乐经验得以不断丰富。[①]

反思性的音乐深度学习建构具有多重功能，它有助于学习者的精神情感成长、道德提升以及价值观和世界观的完善。这种学习方式强调学生内在的智慧和精神生成，教师在这个过程中需要引导学生从浅层的音乐学习走向对音乐学科能力、理解和意义的深度构建。另一方面，深度音乐学习要求通过"关联整合"来建构知识体系，也就是将新的经验通过反思整合到学生原有的音乐认知结构中，使深度学习成为一种探究性和研究性的活动。最终，学生能够学会自主进行终身的音乐学习。

因此，音乐教育者应该注重培养学生的反思能力，并引导他们在学习过程中进行反思和重构。通过反思，学生能够深入思考和理解音乐，将新的经验融入到自己的音乐认知结构中，从而实现对音乐的深度理解和探究。这种反思和重构的学习方式能够激发学生的学习兴趣和内在动机，使他们更加主动地参与学习过程，并逐渐培养出批判性思维和创造性表达能力。

教师在反思性学习中扮演着重要的角色。他们应该提供适当的引导和支持，促使学生深入思考和反思自己的学习经验，并帮助他们将新的知识和经验与已有的音乐理解相结合。教师还应该鼓励学生进行开放性的讨论和合作，以促进他们之间的思想交流和互相学习。通过这样的反思和重构过程，学生能够不断提升自己的音乐表现能力，使其音乐作品更具个性和感染力。

总之，反思和重构是音乐学习中至关重要的环节。通过反思，学生能够从内省中获得深刻的音乐体验，不再局限于表面的学习记忆。通过重构，学生能够将新的知识和经验与已有的音乐认知结构相融合，实现对音乐的深度理解和创造性表达。教师的引导和支持在这一过程中起着关键作用，他们应该激发学生的思考

---

① 庄安琪. 核心素养导向的高中音乐深度学习模式研究[D]. 西安：陕西师范大学，2021.

和合作精神，培养学生的批判性思维和创造性表达能力，使他们成为具有深度音乐素养的终身学习者。

②音乐多元文化教室实施中的反思与重构

多元文化的音乐反映了世界和种族的多样性。将音乐作为多元文化实践和培养学生音乐素养的方式，是深入和拓展人文主义教育的一部分。

首先，通过这种方式，学生可以逐渐提高对美的多重认知，形成开放、尊重、多样和平等的音乐视野，超越了以往的"欧洲中心主义"观念，使多元的音乐理解在学生心中扎根，形成他们自己的音乐文化理解方式。尽管教师们难免会受到所处地域社区、政治政策、课程制定和实践等方面的影响，但更重要的是培养学生对于不同审美观念、音乐风格、音乐表现方式等的理解能力和开放心态，实现多元音乐文化理解的可持续发展。这比简单地展示不同文化背景下的音乐更为重要，也能够实现音乐学习的深度。

其次，深度的音乐学习意味着深入探索中华礼乐文明，建立与多元音乐文化平等对话的教育路径。这有助于确立以中国本土文化体系为基础的音乐教育体系，实现中华优秀音乐传统文化的传承与发展，并增强学生对本土文化的自信。这提升了音乐教育在各个方面的要求，特别是对教师本身多元文化意识和能力的要求。

最后，音乐化的理解方式的培养也是符合音乐深度学习特性的。只有当学生深入实践，以音乐的方式诠释历史，以特定的风土人情反映当地人的审美态度，才能更好地理解世界和不同语境下的音乐。在深度音乐教学中，教师需要在一定程度上引导学生进入不同音乐归属的语境中，即使无法亲身经历，也需要了解。然而，需要注意的是，深度音乐学习并不仅仅是将音乐和文化割裂开来教授。

在深度音乐学习中，需要通过综合的教学方法来促使学生全面理解音乐与文化的相互关系。教师应该提供有意义的音乐体验，帮助学生发展跨文化的音乐素养。这包括探索不同文化的音乐形式、审美观念和表现方式，以及理解音乐与文化、历史、社会背景之间的联系。同时，教师还应鼓励学生进行批判性思考和比较分析，培养他们欣赏和尊重多元文化的能力。

多元文化理解的音乐教育有助于培养学生的文化包容性和跨文化交流能力。它不仅促进了学生对不同文化音乐的欣赏和理解，还能够培养他们的创造性思维和表达能力。通过与不同文化音乐的互动和交流，学生能够拓宽自己的音乐视野，培养开放的思维方式，以及培养自己的身份认同和社会责任感。

综上所述，多元文化理解是深度音乐学习中不可或缺的要素。它通过培养学生对多样音乐文化的理解和欣赏，提升他们的音乐素养和文化意识，促使他们成为具有全球视野和跨文化交流能力的终身学习者。同时，教师在音乐教育中起着重要的引导和激励作用，需要创造积极的学习环境，推动学生参与多元文化音乐的探索和表达，使其音乐学习更加深入和有意义。

（10）运用与创造

有生命力和发展性的音乐学习应当注重个性化和独特性。音乐学习不仅仅是对音乐的简单反思，更重要的是学生是否能够以创造性和主动性去重新演绎音乐。创造性是将经验和意义转化为行动的一种扩展，例如通过即兴表演，激发学生积极思考音乐的活动。这种方式一方面能够唤起学生的创作激情，让他们对作品进行个性化而独特的演绎，使音乐更富有活力；另一方面，在创造过程中，学生需要用音乐语言来表达个人思想，因此创作过程也是对学生自身概念理解、意义认知和音乐经验的再次审视，能够促进他们对音乐的深刻理解。正如一句名言所说："审美具有解放性的特质"，想象力和创造力能够激发人们精神的活力。在音乐学习中，强调学习主体的创造性十分重要，教师可以创造适合学生创作的环境，设计生动有趣的创作内容，以激发学生的创造力。

总之，音乐学习应当追求个性化和独特性，通过创造性的实践来丰富学生的音乐体验。创造性表演和创作不仅能够激发学生的激情和想象力，还能够促进他们对音乐的深入理解和意义认知。教师在音乐学习中扮演着重要的角色，应当创设适合创作的环境，设计有趣的创作任务，以激发学生的创造潜能，让他们成为具有独特音乐思维的终身学习者。

（11）音乐价值观

首先，回归音乐最基本的意义，是审视深度学习对学生音乐价值观的影响。深度学习使得音乐活动更加愉悦、投入和有效。通过全身心地积极参与和获得音乐情感的深度满足，音乐真正融入学生的日常生活和内心世界，使他们成为对音乐充满激情、乐此不疲的终身爱乐者。只有对音乐充满痴迷和深沉的爱，才能使思想和心灵产生真正的升华。

其次，音乐的深度学习必须涉及真实情景中的复杂问题。除了提高音乐水平和技能，学生的人生观和人格也会受到影响。音乐价值观的建立与音乐的深度学习目标的本质和核心相契合。正如川田顺造所说："声音文化有可能具有一种深层持久的力量，即使其他方面的文化发生变化，它仍然很难改变。"这种深层持久的力量对于塑造学生的音乐价值观至关重要。①

最后，由于社会文化的剧变和技术的革命，不能简单地认为新形式的文化可以简单取代原有的"陈旧"文化形式，否则会导致传统音乐的边缘化甚至消亡。应该让传统经典焕发新的光彩，根据新时代的要求重新构建其新的价值。要实现以德育人，首先需要培养学生对本土文化的认同感，建立以我们的母语为基础的中国音乐观。中国学生必须首先认同自己的国家、民族和文化，才能成为更好的传统文化传承者和发展者。

因此，音乐的深度学习作为一种新的教育思想框架，其核心价值要求教师能够以更广阔的视野重新深入认识世界音乐、中国传统音乐等，理解其中的文化多样性和人类文化的普遍性。

深度学习对学生音乐价值观的影响是多方面的。它使音乐活动更加充实和富有个性，促使学生形成深入的音乐体验。深度学习激发学生对音乐的独特创造性表达，使他们能够以个人化的方式演绎作品，为音乐注入更多活力。同时，创作过程要求学生用音乐语言表达个人思想，这促使他们对自身概念、意义认知和音乐经验进行深入检验，从而加深对音乐的全面理解。

在音乐学习中，审美具有令人解放的特性。想象力和创造力能够为个人带来精神上的焕发和推动力。因此，在音乐学习中要强调学习主体的创造性。教师可以创设适合创作的环境，并设计生动有趣的创作内容，以激发学生的创作激情。

此外，深度学习对学生的音乐价值观有着重要的影响。通过全身心地参与音乐活动并获得深度情感的满足，学生对音乐的价值和意义有了更深层次的体验。深度学习涉及真实情景中的复杂问题，除了提高音乐知识和能力，也塑造了学生的人生观和人格。通过音乐的深度学习，学生能够树立起正确的音乐价值观，理解音乐的本质和文化内涵。

综上所述，音乐的深度学习对学生音乐价值观的形成和发展具有重要意义。

---

① 庄安琪. 核心素养导向的高中音乐深度学习模式研究[D]. 西安：陕西师范大学，2021.

它使音乐活动更加丰富多样，激发学生的创造力和个性表达，促进对音乐的深入理解。同时，深度学习还能够影响学生的人生观和人格，塑造正确的音乐价值观，使他们成为对音乐充满热爱并持续追求的人。

3. 基本特点

该模型旨在推荐深层次的音乐学习方式，提供接近真实音乐情境的学习路径，并强化学习和教学的方向。该模型具有以下几个特点。

（1）系统性

模型的建构是一个有机的整体，各个模块元素和层级都是不可或缺的。学生需要经历聆听体验和经验联系等阶段，以克服已知音乐经验带来的阻碍，实现音乐的深度理解和实践。

（2）一致性

模型的设计遵循音乐学科核心素养的培养，将情感态度融入到教学目标中。核心素养贯穿于各个要素，确保教学具有综合性和完整性。

（3）有效性

该模型使教学活动回归音乐教育的本义，通过激发学生的学习愿望和培养核心素养，实现音乐的深度教学。在教学过程中，教师应关注学生的发展和进步，实现教学的有效性。

（4）复杂性

由于课堂教学本身的复杂性以及学生、教师的多样性，该模型设计了十个不同层次的学习行为，涵盖了人际交往能力、音乐实践能力和文化理解能力等方面。学生在多维化的音乐学习行为和内容中进行交互，形成结构化的认知，并主动发展智慧和创造新思。

综上所述，这一基于深度学习的高中音乐双螺旋教学模型具有系统性、一致性、有效性和复杂性等特点，旨在促进学生的深度学习和教学的提升。

（二）基于双螺旋模型的教学策略

教师应专注于培养和促进学生核心素养的发展，而深度教学则是通过引入具有挑战性的学习材料、追求知识内在逻辑和帮助学生构建自身经验的教学方法，以实现教学的丰富价值。学生在真实学习过程中的进展是缓慢而复杂的。从问题情境出发，通过由外向内的转化、深化和活化过程，寻求解决方案，这符合核心素养培养的过程。以下是高中音乐课堂所需的教学策略，旨在创设音乐教学问题情境，选择适当的单元学习主题，并构建合作探究的共同体学习。同时，这些策略也是实现高中音乐学科核心素养培养的基本支柱。

1.创设音乐教学问题情境

教师可以通过引入富有挑战性的问题情境来激发学生的学习兴趣和思考能力。问题情境可以是实际生活中的音乐场景，或是相关音乐作品中的疑问或难题。这样的情境可以激发学生主动思考和探索，培养他们的问题解决能力和批判性思维。

基于问题情境的高中音乐深度学习的设计框架如图3-2-1所示。[①]

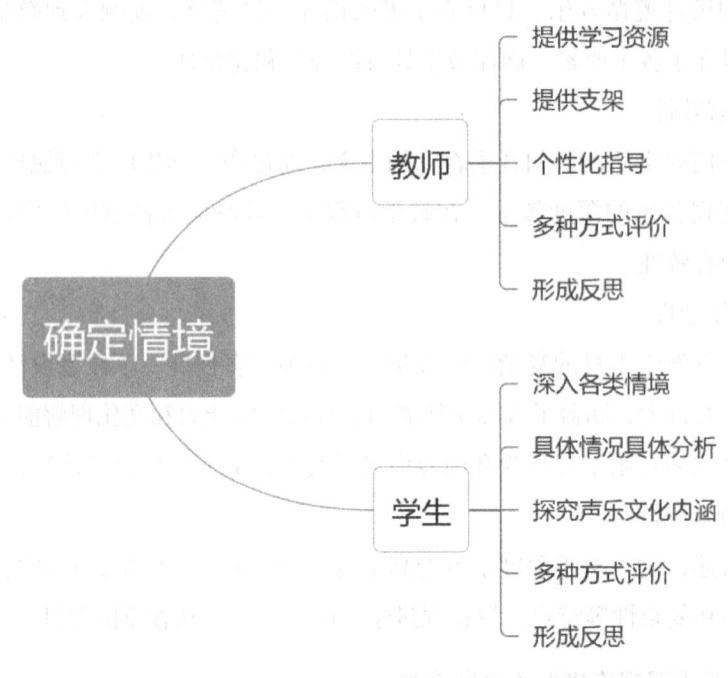

图3-2-1 基于问题情境的高中音乐深度学习的设计框架

---

① 庄安琪.核心素养导向的高中音乐深度学习模式研究[D].西安：陕西师范大学，2021.

2. 选择适当的单元学习主题

教师应根据学生的年级和学习需求，选择具有深度和广度的学习主题。这些主题应涵盖音乐的不同领域，包括音乐历史、音乐理论、音乐表演和音乐创作等。

基于单元主题的高中音乐深度学习的设计框架如图 3-2-2 所示。[①]

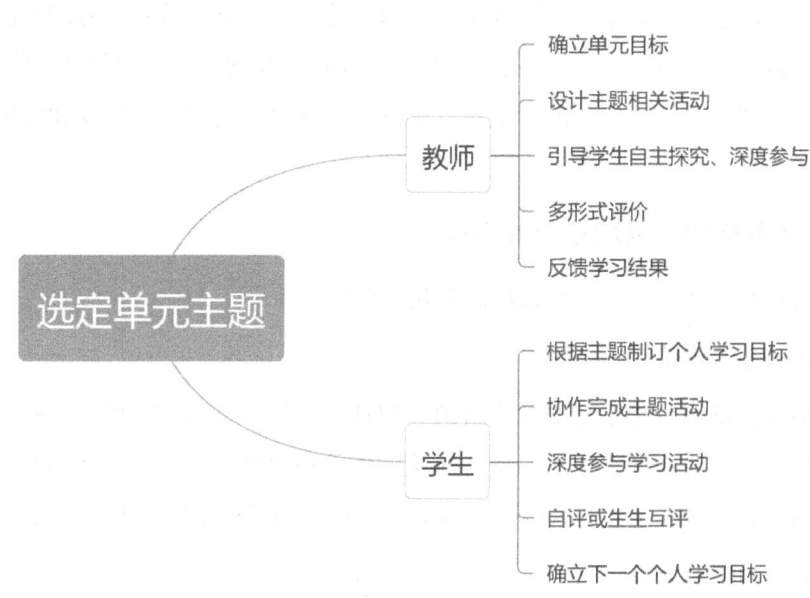

图 3-2-2　基于单元主题的高中音乐深度学习的设计框架

3. 构建合作探究的共同体学习

教师应鼓励学生进行合作学习，建立一个积极互助的学习氛围。学生可以在小组中共同探索和解决问题，相互交流和分享知识。这样的合作学习有助于培养学生的团队合作能力、沟通能力和解决问题的能力。

通过采用以上教学策略，教师可以促进学生的核心素养有效提升。创设问题情境能够激发学生的思考能力，选择适当的学习主题能够扩展他们的知识面和视野，构建合作探究的共同体学习则能够培养学生的合作能力和解决问题的能力。通过这些支架性策略，教师能够帮助学生在高中音乐课堂中实现目标，同时促进

---

① 庄安琪. 核心素养导向的高中音乐深度学习模式研究 [D]. 西安：陕西师范大学，2021.

其核心素养的全面发展。

值得注意的是，教师在实施这些策略时，还应注重个性化教学，关注学生的不同学习需求和兴趣爱好，为他们提供个体化的学习支持。同时，教师应不断反思和调整教学实践，以确保教学策略的有效性和适应性，为学生创造一个积极、富有挑战性和有意义的学习环境。

总之，高中音乐课堂的深度教学应该以培养和促进学生核心素养的发展为核心目标。通过创设问题情境、选择适当的学习主题和构建合作探究的共同体学习，教师可以实现这一目标，帮助学生在音乐学科中获得丰富的学习经验和深度的学习成果。

（三）双螺旋学习模型的实施条件

实施双螺旋学习模型需要满足以下几个条件。

1. 学科育人价值

教师需要紧扣音乐学科的育人价值，包括审美体验、创造发展、人际交往和文化传承。教师要在课堂中培养学生对美的体验和感悟，通过实践活动促进学生创造力的发展，培养学生的人际交往能力，并传承和弘扬中华优秀音乐文化。

2. 教师的行动自觉

教师需要反思自己的教学实践，将教学设计与学生的音乐学习愿望和实际需求相结合。教师应该具备反思性学习能力，不断探索和改进音乐课堂的教学策略和方法，并将深度学习作为教学改进的出发点。

3. 师生的平等对话

教师和学生之间需要建立平等的师生关系，从教师主导转向教师引导。学生需要成为学习的主体，通过自主探究和合作交流来实现深度学习。教师应尽快退出课堂的中心，让学生自己运用新的知识和技能，并在真实情境中寻求学习的意义和价值。

综上所述，实施双螺旋学习模型需要教师关注学科育人价值，具备行动自觉和反思能力，同时建立平等的师生对话关系。只有在这些条件的支持下，教师才能有效地引导学生进行深度学习，培养学生的综合素养，促进其个性化发展。

第四章 核心素养导向下的高中音乐"双基"教学与美育教育

随着核心素养教育的推进,高中音乐教育也面临着新的挑战和机遇。本章旨在探讨核心素养导向下的高中音乐教学中的"双基"教学与美育教育,研究内容涵盖基础知识与基本技能、审美体验以及专项特长三者结合的教学模式,高中音乐美育的探索与实践,高中校园合唱团活动的开展及其组织训练,学校美育纵深推进中关于高中音乐艺术特长教育的思考。通过对以上研究内容的深入探讨和实践,希望能够为高中音乐教育的发展提供有益的思路和方法。

第一节 基础知识与基本技能、审美体验、专项特长三者结合的教学模式

一、基础知识与基本技能、审美体验、专项特长关系的讨论

(一)双基与审美教育的关系

历史上,中国的音乐教育一直存在着"技与艺"的争议,即"双基"与审美教育之间的关系。以下是对中国音乐教育历史中"双基"与审美教育关系的三种观点的讨论。

1."重技轻艺"论

中华人民共和国成立初期,中国的音乐教育主要强调知识和技能的培养。教学大纲和教材都以重视"双基"为导向,注重基础知识和基本技能的培养。这种

教学模式使得音乐教育过于注重乐理知识和技能训练，忽视了音乐本身的艺术性和情感体验，导致学生对音乐缺乏兴趣。

2."重艺轻技"论

随着教育改革的推进，一些教育者意识到需要减少对"双基"的侧重，开始注重音乐本身的艺术性和审美教育。在2001年的课程标准中，强调了音乐审美教育的核心地位。然而，这种观点也带来了另一个问题，即过分弱化技能和知识的教学，导致音乐课程过于娱乐化，缺乏实质性的教育内容。

3."审美"与"双基"并重论

近年来，越来越多的教育者认识到"审美"与"双基"是相辅相成、缺一不可的关系。教育改革中的课程标准明确规定了"双基"教学的重要性，同时也强调了音乐的审美教育。这种观点认为，技能和知识的学习是发展学生审美体验、艺术表达和文化认知的基础，二者应该平衡发展。

然而，在实践中，教育者们也面临着如何恰当处理和把握审美教育和双基教学之间关系的挑战。一些教育研究者认为，学生对音乐的情感体验经验不足，导致难以实现音乐的审美教育目标。因此，在音乐教育中，需要综合考虑双基教学和审美教育的要求，确保学生获得综合的音乐素养和艺术体验。

（二）审美教育与音乐特长教育的关系

审美教育与音乐特长教育之间存在密切的关系。审美教育旨在培养学生对艺术的欣赏能力、审美意识和审美情趣，使其能够从艺术作品中获得美的享受和艺术体验。而音乐特长教育则侧重于培养学生在音乐领域的专业技能和才能，使其成为具有较高水平的音乐人才。

在音乐特长教育中，审美教育起着重要的支持和补充作用。通过审美教育的引导和培养，学生能够更好地理解和感知音乐，从而提升其音乐创作和表演的质量。审美教育使学生具备良好的审美能力和表达能力，使其在音乐创作和表演过程中能够更好地体现音乐的内在价值和情感表达。

同时，音乐特长教育也为审美教育提供了实践的平台和载体。学生通过音乐特长教育，能够深入参与音乐创作、表演和演奏等实践活动，增加其对音乐的亲身体验和理解。这种实践性的音乐活动有助于加深学生对音乐的感知和理解，有助于培养其对音乐的热爱和追求，从而促进其审美教育的发展。

因此，在音乐特长教育的构建中，应当以审美为核心价值，注重培养学生对音乐的审美能力和情感体验。通过音乐特长教育的实践活动，结合审美教育的指导和引导，使学生在专业技能培养的同时，获得对音乐的深入理解和欣赏能力，从而实现音乐教育的综合目标。

二、音乐双基、审美教育与特长教育教学开展的再思考

（一）素质教育中三者的结合

在素质教育框架下，双基、审美和特长教育是密切相关的概念，它们共同促进学生的全面发展和个性培养。

1. 双基

双基是指学科基础知识和基本能力。在音乐教育中，学科基础知识包括音乐理论、乐理、音高、节奏等方面的知识，而基本能力则涵盖乐器演奏技巧、音乐欣赏和表演能力等。双基的培养是音乐教育的基础，它为学生提供了理论知识和技能基础，使他们能够更好地理解音乐，继而进行创作和表演。

在素质教育中，双基的培养是确保学生具备全面素质发展的重要环节。通过系统的学科教育，学生能够掌握必要的知识和技能，建立起扎实的基础，为进一步发展特长和培养审美能力打下基础。

2. 审美

审美是指对美的感知、理解和评价能力。在音乐教育中，培养学生的审美能力包括让他们接触和欣赏各种风格和类型的音乐作品，了解音乐的艺术特点、表达方式和情感内涵。通过培养审美能力，能够培养学生对音乐的情感共鸣和表达能力，让其深入理解音乐与文化、历史、社会等方面的关系。

在素质教育中，培养学生的审美能力是提高其综合素质和创造力的重要环节。审美能力的培养不仅能够让学生更好地欣赏和理解艺术作品，还能够激发他们的创造力和想象力，以及培养其独立思考和批判性思维能力。

3. 特长教育

特长教育是在素质教育框架下的重要组成部分，它强调培养学生个性化发展

和特长的能力。在音乐教育中，特长教育侧重于发掘和培养学生的音乐天赋和兴趣，提供专业化的音乐学习和培训。通过特长教育，学生可以深入研究自己感兴趣的音乐领域，展现出个性化的音乐才能和创造力。特长教育通过提供专业化的指导和培训，帮助学生在音乐领域取得突出的成就，并发展其专业水平和独特的艺术风格。

在素质教育框架下，特长教育的目标是培养学生全面发展和个性成长。通过特长教育，学生可以深入挖掘自己的潜能和兴趣，并在特长领域实现自我价值的展现。同时，特长教育也能够促进学生的综合素质提升，例如培养学生的创造力、团队合作能力和领导能力等。

综合来看，双基、审美和特长教育在素质教育框架下相互支持和促进。学生通过双基的培养获得了音乐基础知识和基本能力，为进一步发展特长和培养审美能力打下基础。审美能力的培养则能够提高学生的综合素质和创造力，为其在特长领域的发展提供支持。特长教育则是通过深入研究和专业化培养，帮助学生展现个性化的音乐才能和创造力，同时提高其综合素质和能力。这三者相互交融，共同促进学生在音乐教育中的全面发展。

（二）将音乐特长学习作为终生目标

将音乐特长学习作为终生目标是对时代特征和社会需求的积极回应。随着科技和信息化的迅速发展，音乐艺术的理论和实践也在不断演进和变化。人们对音乐的感知、参与和审美要求也随之不断变化。因此，我们需要正视这些时代特征所带来的变化，并积极推进教育体制的改革。

将音乐特长教育作为终生学习的方法是一种有效的途径。传统的校内音乐教育虽然在一定程度上能够提供基础学科的教育，但对于个体的特长发展和个性化需求的满足可能存在一定的限制。而音乐特长教育则可以提供更加专业化和个性化的培训和指导，帮助学生在音乐领域取得突出的成就。通过终身的学习和不断地实践，学生能够不断发展和进步，从而实现个人音乐才能的最大限度发挥。

将音乐特长教育纳入终身学习的范畴，有助于提高全民素质教育的质量。终身学习强调个体在整个生命周期中持续学习和发展的理念，不仅仅局限于学校教育阶段。通过音乐特长教育的补充，人们可以在不同阶段、不同领域继续学习和发展音乐技能和知识，丰富自己的音乐素养。这有助于提高整个社会的音乐水平和审美品位，推动音乐学习的终身制发展。

综上所述，将音乐特长学习作为终生目标是与时代特征相适应的教育观念。通过音乐特长教育的终身学习，可以促进个体的全面发展和进步，提高全民素质教育的质量，同时适应社会对音乐的需求和变化。这需要教育体制改革的支持和推动，以确保音乐特长教育能够真正发挥其作用，为学生和社会创造更多的教育价值。

（三）利用科学渗透，拓展价值空间

在音乐特长教育中，利用科学渗透可以拓展其价值空间，并与时代的发展保持一致。以下是对于这一观点的进一步探讨。

1. 音乐学科的拓展

随着科技的进步和音乐形式的多样化，音乐教育应该拥抱新的艺术形式，如电子音乐。电子音乐作为一种新兴形式，具有独特的市场价值和社会需求，应该被纳入音乐学科的范畴。将电子音乐纳入学校基础音乐学习和特长教育中，能够丰富教育内容，扩展学生的音乐经验，同时也为艺术市场的就业分配提供更多机会。

2. 学习方式的创新

利用科技媒体的远程技术丰富音乐教育，解决师资不足，提供学习资源，增加灵活性。此外，这种方式也适用于成人继续教育，为他们提供适合的平台。通过利用科技渗透的优势，可以扩展音乐特长教育的教学模式，满足学生和社会的需求。

在教育思考中，应该认识到停滞是危险的，需要大胆创新并不断采纳新的教育机制。科技的发展和应用对音乐特长教育的未来发展至关重要。通过将科技成果引入音乐学习和研究中，可以拓展特长音乐教育的发展模式，突出时代特色，与时俱进。这样的尝试可以在音乐学科的拓展和学习方式上进行，为音乐特长教育提供更广阔的发展空间，同时也能够促进音乐教育与社会的良性互动。

（四）突出特色教育，促进全人类自由发展

1. 个性化发展

特色教育注重挖掘每个学生的特长和潜能，为他们提供个性化的学习和成长

环境。通过了解学生的兴趣、才能和热情，特色教育能够激发他们的学习动力，培养他们的自信心和独立思考能力。个性化的教育可以帮助学生更好地发展自己的优势，找到适合自己的学习方式和路径，实现个人的自由发展。

2. 多元化发展

特色教育鼓励学生从多个领域中选择自己感兴趣的特长进行深入学习。这种多元化的发展可以培养学生的综合能力和全面素养，让他们具备适应社会发展的能力。通过特长教育，能够培养学生专业技能，拓宽学生视野，提升创新能力和解决问题的能力。这样的教育模式有利于学生在未来的职业发展中找到自己的定位，实现自由选择和发展。

3. 培养终身学习能力

特色教育强调学生的兴趣驱动和主动学习，培养学生的终身学习能力。通过对特长的深入研究和学习，能够培养学生持续学习和自我提升的习惯，适应快速变化的社会环境。特色教育鼓励学生在掌握一门特长的同时，不断拓展自己的知识和技能，保持学习的热情和动力。这样的学习态度和能力将为个人的自由发展提供持续的动力和支持。

通过突出特色教育，学生能够在个性化和多元化的学习环境中实现自由发展。这种教育模式注重学生的兴趣和特长，培养他们的创新能力和终身学习能力，使他们在不断变化的社会中找到自己的位置和发展机会。特色教育的实施有助于激发学生的潜能，促进他们的全面发展，为实现全人类的自由发展作出贡献。

第二节　高中音乐美育的探索与实践

一、学科教学中美育的实施条件

（一）建立大美育观念，增强学科教学的美育意识

美育的含义是比较广泛的，不仅仅局限于艺术教育，而是将美学原则和审美体验渗透到各个学科和教育领域中。在高中教育中，美育应该贯穿于各学科的课堂教学中，以丰富学生的审美情趣、培养其审美能力和素养。

通过在学科课堂教学中注重美育，学校可以形成全方位的美育环境，促进学生的全面发展。美育与德育、智育、体育相辅相成，共同培养学生的综合素养和人文精神，使他们成为具有审美情趣和创造力的公民。

（二）明确学科教学的美育目标，了解学生的审美基础

在学科教学中实施美育需要明确美育目标，并了解学生的审美基础。以下是具体的做法和注意事项。

1. 确定美育目标

在学科教学中，根据高中美育的目标，明确具体的美育目标，包括培养学生感受美的能力、鉴赏美的能力、表现美和创造美的能力以及追求人生趣味、理想境界的能力。这些目标需要与学科教学目标相协调，相互促进。

2. 了解学生的审美基础

通过教学前的调查或观察，了解学生的审美素养基础，包括他们的审美经验、审美情趣、审美能力和审美理想等方面。这样可以更好地根据学生的特点和需求来设计和实施美育教学，避免过低或过高估计学生的审美基础。

3. 关注情感态度与价值观目标

学科教学中的美育目标应与新课程标准中的"情感态度与价值观"目标相结合。学科教学应该培养学生的情感态度和价值观，通过学科内容的学习和体验，引导学生形成积极向上的人生态度和价值观，培养他们对美的追求和理解。

4. 注重美育因素的融入

学科教学内容中存在着许多美育因素，如文学作品中的情感表达、科学实验中的美妙现象、历史文化中的艺术表现等。教师应善于挖掘和利用这些因素，将其融入到学科教学中，激发学生的审美感知和情感体验。

5. 和谐统一的教学过程

在学科课堂教学中，美育目标和学科教学目标应该和谐统一，相互促进。教师可以通过运用美育教学方法、创设美育环境、引导学生进行艺术创作等方式，将美育与学科教学有机地结合起来，使学生在学科学习的同时，培养和提高他们的美育能力。

在实施美育的过程中,教师需要灵活运用美育教学方法和手段,如多媒体展示、艺术作品欣赏、创作实践等,激发学生的兴趣和积极参与,营造积极向上的学习氛围。此外,学校和教师还应该重视学校的校园文化建设和各种课外活动中的美育,为学生提供更广泛的美育机会和平台。[1]

通过在学科教学中实施美育,可以使学生在学科学习的过程中不仅仅获取知识,还能够感受美的力量,培养其审美情趣和创造能力。这样的综合培养有助于学生全面发展,促进个体与社会的和谐统一,实现人的全面自由发展。

总之,学科教学中的美育目标要与学科教学目标相协调,以学生的审美基础为基础,注重情感态度与价值观的培养,融入美育因素,实现美育与学科教学的和谐统一。这样的做法可以促进学生全面发展,提升他们的审美能力和情感体验,培养他们对美的欣赏和理解能力,同时也促进学科教学的深入和拓展。

(三)挖掘学科教学的美育资源,让学生感悟美无处不在

学科教学中存在着丰富的美育资源,教师应该有意识地挖掘和利用这些资源,让学生在学科学习中感悟美的存在和影响。

教师可以从教材中寻找与艺术美、社会美、自然美等相关的内容,引导学生欣赏、理解和体验其中的美感。例如,在历史教学中,教师可以展示不同历史时期的艺术作品,让学生了解不同时代的审美特点和艺术成就;在语文教学中,教师可以引导学生阅读优美的散文和诗歌,培养学生对文学作品的欣赏能力;在数学教学中,教师可以通过图形和几何形状的讲解,让学生感受数学中的美妙和对称之美。

此外,教师还应该关注学生身边的美育资源,例如学生生活中的日常艺术品、社区中的美丽风景、自然中的奇妙景色等,通过观察和描述,让学生发现和感受身边的美。

教师作为示范者和引导者,在教学过程中要展示对美的敏感和追求,以身作则,激发学生的兴趣和好奇心,引导他们主动去发现美、感悟美、鉴赏美,并逐渐培养他们审美能力和创造力。

通过在学科教学中挖掘美育资源,让学生感悟美无处不在,为他们打开一扇窗

---

[1] 文奇,沈洁怡.浅谈学科教学中美育的实施[J].教育教学论坛,2011(07):68-69.

户，让他们更加全面地认识和理解世界，培养他们的情感态度和审美意识，促进他们的个性发展和创造力的培养。这样的美育教育将使学生在学科学习中更加积极主动，享受学习的过程，同时也为他们的人生增添了更多的乐趣和意义。

（四）选择恰当适用的教学方法，帮助学生形成审美素养

选择恰当适用的教学方法是帮助学生形成审美素养的关键。以下是一些可供教师选择的方法和策略。

1. 情境创设

在学科教学中创设具有美感和情感的情境，营造积极的学习氛围。教师可以运用故事、影像、音乐等元素，将学科内容融入到具体而生动的情境中，激发学生的兴趣。

2. 多感官体验

通过多种感官的参与，让学生全面感知和体验美。教师可以利用视觉、听觉、触觉等感官刺激，让学生通过观察、聆听、触摸等方式来感受美的存在。

3. 创造性活动

鼓励学生在学科学习中进行创造性的活动，发挥他们的想象力和创造力。教师可以引导学生进行绘画、写作、设计等创作活动，让他们通过自己的表达和创作来体验美、展现美。

4. 合作学习

通过小组合作和团体讨论的方式，让学生相互交流和分享对美的理解和感受。学生可以一起观察、探讨和解读艺术作品、自然景观等，从不同的角度和观点来欣赏美。

5. 实地考察

组织学生进行实地考察和参观，亲身感受和体验美。教师可以带领学生参观博物馆、画廊、公园等，让他们目睹真实的艺术品和美景，深入了解美的背后的故事和意义。

6. 反思和评价

鼓励学生对自己的审美体验进行反思和评价。教师可以引导学生表达他们的感受和观点，帮助他们逐渐培养批判性思维和鉴赏能力。

教师在选择教学方法时，需要考虑到学科的特点、学生的需求和教学资源的情况。同时，教师还要注重自身的专业素养和美育意识，以身作则，成为学生审美素养发展的榜样和引导者。

通过恰当选择和应用教学方法，学科教学中的美育将成为一种贯穿教育过程的元素，帮助学生形成一种深厚的审美素养。将逐渐培养学生对美的敏感性和鉴赏能力，使其能够感受和欣赏各种形式的美，从而更好地理解学科知识和发展个人的创造力。此外，通过美育的实施，也将培养学生情感态度与价值观，使其形成积极向上的人生追求和理想境界。

需要强调的是，学科教学中的美育不应该被孤立地看待，而是要与学科教学目标相融合、相互促进。美育不仅仅是在教学中添加一些美的元素，而是要将美融入到学科教学的方方面面，使学生在学习过程中不断领悟美的存在、感悟美的价值。

最后，学科教学中的美育需要教师的积极引导和指导，同时也需要学校和社会的支持和配合。教师应该持有积极的美育观，注重挖掘和运用美育资源，灵活运用适合的教学方法，营造美育氛围，以促进学生的审美素养发展。同时，学校和社会应提供良好的美育环境和资源支持，为学科教学中的美育提供必要的条件和平台。

总之，学科教学中的美育目标是培养学生感受美、鉴赏美、表现美和追求美的能力。通过了解学生的审美基础、挖掘学科教学的美育资源、选择适合的教学方法，教师可以帮助学生形成深厚的审美素养，让美育贯穿于学科教育的全过程，培养学生全面发展的美好人格。

（五）运用课堂教学评价手段，促进学科教学美育健康发展

运用适当的课堂教学评价手段可以促进学科教学美育的健康发展。以下是一些方法和建议。

1. 设计多样化的评价方式

在学科课堂教学中，可以设计多样化的评价方式，包括书面测试、口头表达、实践演示、作品展示等。这样可以更好地评估学生对美的感受、鉴赏和表现能力。

2. 引入自评和同评机制

在学科教学中，鼓励学生进行自我评价和同伴评价。通过互相交流、分享和反思，学生可以更好地理解和欣赏他人的作品和观点，从而提高自己的审美能力。

3. 注重过程评价

除了注重结果评价，还应注重过程评价。关注学生在学科教学过程中的美育体验、表现和参与程度，而不仅仅是关注结果的正确与否。

4. 评价标准中增加美育要素

学科课堂教学的评价标准可以适当增加与美育相关的评价要素，例如学生对美的感受和理解、审美能力的发展、美育素养的形成等。

5. 教师评价和指导

教师在教学评价中要注重对学生美育发展的评价和指导。教师可以提供针对性的反馈和建议，帮助学生更好地理解和发展自己的审美素养。

6. 学科教研和评课活动中加入美育评价

学科教研员和校领导在组织学科教研和评课活动时，可以加入对学科教学中美育方面的评价。通过交流和分享，促进美育在学科教学中的传播和发展。

通过运用适当的评价手段，可以引导学生在学科教学中形成更深厚的审美素养，同时也促进学科教学美育的健康发展。这需要教师和学校共同努力，注重美育的意识和实践，从教学设计到评价反思的各个环节都要关注学科教学中的美育元素。

第三节 高中校园合唱社团活动开展及其组织训练

一、高中校园合唱社团活动开展

合唱团的成员选拔对于合唱团的质量起着至关重要的作用。例如有些学生可能将排练当作娱乐活动，因而并未认真对待。这种情况会导致学生对排练不够重视，影响整个合唱团的排练效果。因此，对于合唱团成员的选拔应该严肃对待，并且应该严格把控质量。

（一）音乐素养考核

在音乐素养的考核方面，可以采用以下方法来评估学生的能力和潜力。

1. 学生的嗓音条件

学生可以进行一次清唱演唱，教师在学生演唱过程中判断学生的嗓音条件，包括声音的音色、发音是否有不良习惯等。可以让学生多次演唱同一首歌曲，以减轻紧张情绪，评估他们的嗓音质量和音色的自然与甜美程度。嗓音自然、甜美、没有明显歌唱问题的学生可以得到较高的评分。

2. 音乐表现能力

评估学生的音乐表现能力时，要看他们在演唱过程中的舞台表演能力和情感投入程度。有些学生能够用情感表达唱歌，投入其中，而有些学生可能只是把唱歌当作一项任务，只注重歌词和旋律的准确性。同时，还要注意一些学生可能因为害羞而唱的声音较弱。这些因素可以作为评分的参考依据之一。

3. 基本音乐素养考核

教师可以利用钢琴来评估学生的基本音乐素养。通过钢琴的演奏，学生需要展示他们对音乐的基本认知和技巧，包括音准、节奏感和音乐表达能力等方面。钢琴作为一种常见的乐器，对于音乐教学和评估来说具有很大的实用性。教师可以通过学生在钢琴上的演奏来了解他们的音乐能力水平，并据此给予相应的指导和评价。这样的评估方法可以更直观地观察学生在音乐方面的表现，帮助他们提升音乐素养和技能。通过教师弹奏的单音，要求学生模唱音高，以观察学生是否能准确辨别音高。对于一些不能很好辨别钢琴音高的学生，但能够模仿人声音高的学生，教师可以范唱，让学生模仿。此外，还可以考核学生的音域范围，包括最高音和最低音的能力以及是否掌握假音等技巧。根据学生的音域情况，可以进行声部的划分，避免录取后再进行调整。

根据以上考核，学生的成绩可分为 A 级（优秀）、B 级（良好）、C 级（及格）和 D 级（不及格）四个类别。这样可以确保合唱团的成员选拔更为严格和准确，以提高整个合唱团的排练效果和演出质量。同时，这样的选拔过程也可以让学生更加重视合唱排练，并且激发他们对音乐的热情和潜力，从而有助于合唱团的整体发展。

（二）科学合理的人数范围

科学合理的人数范围对于合唱团的发展和管理至关重要。针对校园高中合唱团而言，保持在 30 至 60 人的人数范围是最为合适和科学的选择。

1. 教师管理

合唱团的规模适中可以更好地进行管理和指导。教师能够更有效地与每个团员进行互动和个别指导，确保排练的顺利进行和每位成员的参与度。

2. 声音集中

较小规模的合唱团能够更好地集中声音，使其更加凝聚和有力。每个声部的人数相对均衡，可以更好地实现声部间的配合和和谐，从而提高合唱的整体效果。

3. 声音塑造

校园高中阶段正处于声音塑造的最佳时期，通过合唱活动可以更好地培养和发展学生的音乐素养和嗓音技巧。适度的人数范围能够让每位团员得到更多的关注和指导，有助于个体声音的发展和塑造。

4. 衔接阶段

高中阶段的学生处于变声期，合唱团可以提供一个人数适中的良好的平台，让学生在声音变化和转变的过程中得到支持和指导，顺利过渡到更成熟的声音状态。

综上所述，30 至 60 人的人数范围对于校园高中合唱团来说是科学合理的选择。这个范围既能够满足教师管理的需求，又能够在声音集中和声音塑造方面取得良好的效果，同时也适合于学生在声音衔接和发展方面得到支持和培养。

（三）声部的配置与规划

根据歌曲的难易程度和要求，合唱团可以进行声部的划分和配置。对于简单的歌曲，可以分为男声和女声两个声部。而对于稍复杂的作品，可以考虑划分为 S1、S2、A1 和 A2 四个声部。

一般情况下，主旋律声部人数相对较多，通常归为高声部，中音部则会安排一些没有进入变声期的男声和女声一起完成，因为这些学生的声音差异较小，音色相近。而低音部分的人数应该相对较少，但要比中音部人数多。

为了保证排练的效果，可以在合唱团内部实施小组制度。每周排练结束后，可以给予小组任务，小组长带领组员在钢琴房进行练习，并要求组员在小组长的指导下掌握排练内容。教师也会抽查学生的掌握情况。

同时，引入小组比赛制度可以进一步激发学生的积极性和竞争意识。根据小组在排练任务完成情况以及进步得快速和优秀程度进行评比，并给予相应的奖励。这样做的目的是确保每位同学都能掌握排练内容，提高排练的效率和质量。事实证明，实施小组制度后能够激发组长的责任心，同时激发组员的竞争意识，从而提高整个合唱团的效率和质量。

合唱团的小组制度能够激发组长的责任心。担任小组长的学生在带领组员练习过程中，需要承担更多的责任和领导角色。他们需要确保组员理解和掌握排练内容，协调小组内部的合作，并在需要时提供指导和支持。这种责任感的培养不仅有助于小组长个人的成长，还能够促进整个合唱团的团队协作和凝聚力。

同时，小组制度也能够激发组员的竞争意识。小组之间的比赛和奖励机制创造了一种积极的竞争氛围。每个小组都会努力追求更好的表现，以在比赛中获得胜利和奖励。这种竞争意识激发了学生们更加努力地练习和提高，从而推动整个合唱团的发展。

通过实施小组制度，合唱团的成员之间建立了更紧密的合作关系。小组内的学生相互协作、互相帮助和相互支持，共同努力完成任务。这种互动和合作不仅加强了学生之间的交流与团结，还促进了彼此的艺术成长和个人发展。

综上所述，通过合理的声部配置和实施小组制度，能够激发合唱团成员的责任心和竞争意识，提高整个合唱团的排练效率和表演质量。这种科学合理的管理方式能够更好地发掘学生的潜力，提升合唱团的整体水平，为合唱活动的成功和成就奠定坚实的基础。

二、高中校园合唱社团的训练

（一）合唱社团训练的基本内容

针对高中生的特点，合唱团的训练应该注重趣味性和易懂性。兴趣是最好的老师，通过使用通俗易懂的语言和有趣的训练方法，将抽象的训练内容具体化，可以提高学生的学习兴趣，更容易吸收和消化所学知识。避免让训练过于深奥或语言过于严肃，而是以轻松愉快的方式进行，让学生在乐趣中掌握技能和知识。

因此，高中合唱团的训练应该关注学生的特点和需求，注重培养科学的发声技巧，提供有趣易懂的训练内容，从而全面培养学生的音乐技能和音乐欣赏能力。通过这样的训练，可以激发学生的兴趣，提高他们对音乐的热爱，并为他们的艺术发展奠定坚实的基础。

1. 充分的热身活动

充分的热身活动在合唱团训练中确实非常重要。它可以帮助学生调整状态，从学业压力和其他因素中抽离出来，让他们快速进入合唱排练的状态。热身运动不仅可以预热身体，唤起能量，让学生身心准备好进行合唱训练，还可以吸引学生的注意力，让他们的精神状态积极起来，并减少紧张情绪。

一些热身运动如开合跳、波比跳和深蹲都是很好的选择，它们不需要器械，并且可以在任何场地进行。可以将这些运动与节奏训练结合起来，既提高了学生的兴趣，又为他们提供了节奏感的训练。此外，教师拍手击打节奏，学生跟随节奏高抬腿的方式，播放歌曲让学生根据节奏拍手、跺脚等方法，都是非常有效的。

在进行热身活动后，身体的放松也是很重要的。此外，规范学生的姿态也是提高演唱效果的关键之一。学生在长时间学习中可能会养成不良的姿势习惯，如驼背、挺肚子、撅屁股等。这些不良姿势不仅会影响合唱的形象，还可能对声音的产生和共鸣产生不良影响。因此，进行形态上的训练是必要的。而贴墙壁站立的训练方法，能够纠正不良姿势习惯，让学生养成正确的站姿，并注意身体各部位的位置和对墙的贴合程度。

总之，充分的热身活动在高中合唱团训练中起着重要的作用。它能够调整学生的状态，提升学生的注意力和精神状态，同时预热身体，使学生快速进入合唱训练的状态。热身运动可以选择多样化的动作，结合节奏训练，增加趣味性和锻炼学生的节奏感。通过规范学生的姿态，可以提高演唱效果，并塑造良好的形象。

2. 学生气息不足的训练

（1）胸腹式呼吸训练

胸腹式呼吸是一种重要的呼吸技巧，可以帮助学生更好地利用腹部肌肉来吸取气息。教师可以引导学生躺下或坐下，手放在腹部，感受腹部的起伏。然后通过深吸气，使腹部膨胀，再慢慢呼气，将腹部收缩回原来的位置。这种训练可以帮助学生感受到腹部肌肉的运动，培养正确的呼吸习惯。

（2）长音练习

长音练习是锻炼气息持久力和控制力的有效方法。教师可以选择一段简单的音乐段落或单音调，要求学生在一口气中持续发出音符，并注意保持音色的稳定和音量的控制。这样的练习可以帮助学生感受到气息的支持作用，同时培养他们的气息控制能力。

（3）唱唇音练习

唱唇音是一种有助于调整喉咙和唇部肌肉的练习方法。教师可以引导学生唱出"m""b""p"等带有唇音的音节，让他们感受到唇部肌肉的运动。这样的练习有助于提高学生的发音准确性和声音的清晰度，同时也能够加强他们对气息的控制。

（4）歌曲应用

在训练中将学生学到的气息技巧应用到具体的歌曲中。教师可以选择一些适合学生水平的歌曲，让他们运用正确的气息技巧来演唱。通过歌曲的实践应用，学生可以更好地理解和掌握气息的运用，同时提升他们的歌唱表现能力。

以上方法结合之前提到的热身活动和分级训练，可以帮助学生在合唱团训练中更好地掌握气息的运用，提高他们的歌唱技巧和表现水平。记得给学生足够的时间和机会去练习，并鼓励他们坚持下去，因为气息训练是一个长期的过程，需要不断地练习和积累。给学生足够的时间和机会去练习是非常重要的，他们需要逐渐培养出正确的呼吸习惯和气息控制能力。同时，鼓励学生坚持下去也是必要的，因为气息训练需要耐心和毅力，不是一蹴而就的。

3. 学生变声期声音训练

学生在变声期的声音训练是一个关键的过程，以下是一些建议。

（1）呼吸训练

学生需要学习正确的呼吸技巧，以建立稳定的呼吸支持。深呼吸和腹式呼吸可以帮助学生控制声音并保持稳定。

（2）发声练习

鼓励学生进行各种发声练习，例如音阶练习、嘴唇滚动、喉咙放松和颈部放松等。这些练习有助于加强喉部和声带的控制，并提高声音的稳定性和质量。

（3）声音调整

学生可能会发现自己的声音变得不稳定或不自然，因此教师应教导他们注意声音的调整和纠正。可以通过模仿和观察专业歌手或演说家的发声方式来帮助学生理解如何调整他们的声音。

（4）身体姿势

正确的身体姿势对于声音的产生和控制非常重要。教师可以教导学生正确地站立或坐姿，使他们能够充分利用呼吸和声音的共鸣空间。

（5）强调科学使用声音

学生需要明白过度使用声音或使用不正确的声音技巧可能会对喉部造成伤害，因此教师需要教导他们保持声音的柔和和稳定，避免过度用力或用力挤压喉部。

（6）寻求专业指导

建议学生在变声期期间寻求专业声乐教师的指导，因为声乐教师可以根据学生的个体差异制定个性化的训练计划，并提供专业的指导和反馈。

在变声期期间，学生可能会遇到一些困惑和挑战，但通过坚持训练和专业指导，可以逐渐发展出更强大和稳定的声音技巧。同时，对于学生的身体和声音健康也要保持关注，避免使用过度或不正确的声音技巧。

4.培养学生节奏感训练

培养学生的节奏感是一项重要的音乐训练任务，下面是一些方法和建议。

（1）使用节奏乐器

让学生使用打击乐器（如鼓、木琴、铃鼓等）或身体乐器（如拍手、拍腿）进行节奏训练。通过与乐器的互动，学生可以更直观地感受到节奏的律动和准确性。

（2）聆听和模仿

播放有明显节奏感的音乐，让学生聆听并模仿其中的节奏。可以选择各种风格和类型的音乐，包括流行歌曲、民族音乐、古典音乐等，让学生在不同的音乐风格中感受节奏的变化。

（3）身体动作

让学生运用身体动作来表达节奏感，例如，让他们跳舞、做简单的舞蹈步伐，或进行类似韵律操的动作。这样可以帮助学生将音乐节奏与身体动作相联系，增强他们对节奏的感知和表达能力。

（4）分节练习

将音乐分成小节，让学生逐节进行练习。先让他们掌握每个小节的节奏，然后逐渐将小节连接起来，形成完整的乐曲。这样的练习可以帮助学生更好地理解和掌握复杂的节奏结构。

（5）视唱练耳

结合视唱练耳训练来培养学生的节奏感。让学生通过阅读音乐谱表演出节奏，或通过听音后模仿演唱出节奏。这可以提高学生对节奏的敏感性和准确性。

（6）游戏化教学

将节奏练习融入有趣的游戏和活动中，增加学生的参与度和学习动力。例如，使用节奏卡片、节奏拍子游戏等，让学生在轻松愉快的氛围中进行节奏训练。

奥尔夫认为利用语言作为起步的音乐教学具有特殊的作用和价值。语言是人类的天性，无需专门训练即可运用，因此在教学中将呼唤、诗词、童谣、儿歌和歌唱作为起点，充分发挥人人皆有的语言能力和声音，可以使学生更容易地参与教学并达到良好的教学效果（谱例4-3-1、谱例4-3-2）。

谱例4-3-1：

谱例4-3-2：

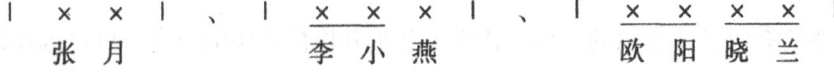

节奏朗诵的结构的大小、声部的多少、织体、节奏和语言的复杂程度是区分难度的一般标志。多层次的节奏朗诵和卡农朗诵在操作时可能具有一定的难度

（谱例 4-3-3、谱例 4-3-4）。

谱例 4-3-3：

甲 ‖ 只要 有恒心　0，只要 有恒心　0 ‖
乙 ‖ 铁　棒　磨成针，铁　棒　磨成针 ‖

谱例 4-3-4：

卡农：甲 ‖ 只要 有恒心　0，只要 有恒心　0 ‖
　　　乙 ‖ 铁　棒　磨成针，铁　棒　磨成针 ‖

以上是一些常用的方法和建议来培养学生的节奏感。关键是要通过多样化的练习和活动，让学生在实践中感受和掌握节奏的要素。

5. 声部配合训练

声部配合训练是培养学生节奏感的重要环节，尤其在合唱团或合唱班级中更为关键。以下是进行声部配合训练的一些方法和建议。

（1）合唱排练

进行合唱排练时，学生需要与其他声部协调配合。教师可以指导学生注意听其他声部的演唱，并确保各声部之间的配合和和谐。通过反复排练和指导，学生可以逐渐掌握与其他声部的协调和配合，提高整体合唱的节奏感。

（2）分声部练习

在合唱排练之外，可以进行声部分离的练习。将不同的声部分开，分别进行声部练习。这样可以更清楚地听到每个声部的节奏和旋律线，使学生更加熟悉自己所负责的声部，并学会在整体中找到自己的位置。

（3）合唱游戏

通过一些合唱游戏来促进声部配合的训练。例如，可以进行"音符接力"游戏，每个声部依次唱出自己的一小节，然后传递给下一个声部继续。这样的游戏可以锻炼学生的注意力和反应能力，同时加强声部之间的配合和过渡。

（4）节奏打击乐合奏

除了声部配合，还可以引入节奏打击乐器，如手鼓、木鱼等，进行合奏练习。每个学生负责一个打击乐器的节奏，并与其他学生的声部演唱相配合。这样可以加强学生对节奏的感知和掌握，并培养他们与其他声部和乐器的配合能力。

（5）视唱练习

视唱练习是培养声部配合的重要方法之一。通过让学生阅读乐谱并进行视唱，他们可以更好地理解不同声部之间的配合关系，并学会在实际演唱中准确地配合其他声部。

通过以上方法，可以帮助学生在合唱团或合唱班级中培养声部配合和协调的能力，从而提高整体合唱的节奏感和表现水平。

（二）合唱社团选曲范畴

合唱社团选曲的范畴可以根据不同的目的、风格和演出场合进行选择。以下是一些常见的合唱曲目范畴。

1. 经典合唱作品

选择一些经典的合唱作品，如巴赫的合唱赞美曲、莫扎特的合唱交响曲、海顿的合唱迷宫、贝多芬的合唱交响曲等。这些作品具有深厚的艺术底蕴和复杂的声部编排，可以为学生们提供挑战和发展的机会。

2. 民族和地区曲目

选择具有代表性的民族和地区曲目，展示不同文化的音乐特色。这些曲目可以是传统的民歌、民间舞曲或宗教音乐，例如非洲的民歌、爱尔兰的合唱曲、俄罗斯的合唱作品等。通过演唱这些曲目，可以培养学生对多元文化的理解和尊重。

3. 当代合唱作品

选择一些当代合唱作品，包括现代合唱音乐、合唱翻唱流行歌曲或流行歌手的合唱曲等。这些曲目具有现代音乐的风格和特点，能够吸引年轻学生的兴趣，并与当代社会联系紧密。

4. 跨界合唱作品

选择一些跨界的合唱作品，将不同风格、流派的音乐元素融合在一起，如合唱爵士乐、合唱流行音乐、合唱摇滚乐等。这些曲目具有时尚性和新颖性，能够吸引年轻学生的兴趣，同时也展示合唱音乐的多样性。

在选择合唱曲目时，需要考虑学生的音乐水平和技能，确保曲目的难度适合他们的能力范围。此外，还应该考虑演出的场合、观众的喜好和主题等因素，以确保选曲与整个演出的目标和风格相符。最重要的是，选曲要考虑到合唱社团的整体特点和目标。以下是一些建议。

第一，考虑合唱团的声部构成：合唱团通常包括男声部、女声部和混声部。在选曲时，要考虑到每个声部的音域和技巧要求，以确保曲目能够充分展示每个声部的特色。

第二，考虑演出主题和场合：如果演出有特定的主题或场合，如圣诞节音乐会、校庆活动或社区演出等，可以选择与主题相关的曲目，增强演出的整体效果。

第三，考虑学生的兴趣和喜好：为了激发学生的学习兴趣和参与度，可以选择他们喜欢的音乐风格或流行歌曲的合唱翻唱版本。这样能够提高学生的参与度，并使他们更加投入到合唱活动中。

第四，考虑曲目的难度和挑战性：选曲时要根据合唱团的音乐水平和技能来评估曲目的难度。确保曲目具有一定的挑战性，能够帮助学生提高技巧和音乐理解能力，同时也要注意不选择过于复杂的曲目，以免给学生带来过大的压力。

第五，考虑曲目的多样性：在选曲时要尽量涵盖不同的音乐风格和时期，包括古典、民族、当代等。这样能够帮助学生拓宽音乐视野，培养他们对不同风格音乐的欣赏能力和理解力。

第六，考虑合唱团的声誉和演出历史：如果合唱团有一定的声誉和演出历史，可以选择一些具有挑战性和影响力的曲目，以展示合唱团的实力和专业水平。

最重要的是，在选曲过程中要与合唱团的指导老师和学生们进行充分的讨论和意见交流，确保选曲的决策是全体成员的共识，并且能够符合合唱团的整体发展和演出目标。

第四节　学校美育纵深推进——谈高中音乐艺术特长教育

一、校内音乐艺术特长教育的问题及建议

校内音乐艺术特长教育是一个重要的教育领域，涉及培养学生的音乐才能和兴趣，以及提供个性化的艺术教育。然而，目前存在一些问题，如学校对音乐特

长学习的培养目标不够明确、教学形式单一、教学内容单一、师资力量不足，以及评价方式过于侧重结果等。针对这些问题，提出以下建议。

（一）培养目标方面

学校应制定长期发展规划和短期目标，合理安排学科课程内容，确保学生的全面发展和长远发展。

针对不同学生的特长需求，制定个性化的培养方案，帮助他们实现自己的音乐目标。

（二）教学形式方面

学校应创新授课形式，采用多样化的授课方式，如小组授课、一对一授课，充分发挥学生的个性特长，提高学生的学习效果。

教师应大胆创新教法，通过感知、合作、表现和创造等方式激发学生的兴趣，提高特长学习效果。

（三）教学内容方面

除了器乐，学校应提供其他音乐艺术特长类别的选择，如声乐、舞蹈、戏曲等，为学生提供多种可能性。

在基本功和流行曲目的基础上，应加入专业曲目和考级曲目的教学内容，保证学生的专业技能培养和音乐素养的积累。

（四）师资力量方面

学校音乐教师应扎实音乐基本功底，具备全面的理论知识和音乐欣赏水平，掌握创新教法，提升特长技能。

学校可以聘用校外具有专业特长的教师或与校外机构合作，以弥补师资力量的不足，提高音乐特长教学质量。

（五）学生评价方面

对于音乐特长教育的评价，确实应该采用多元化的方法，以全面、客观地评估学生的表现和进步。

除了期末考核、考级和比赛等结果导向的评价方式，应该注重平时表现和过程的评价，以更好地激发学生的学习兴趣和动力。

二、校外音乐艺术特长教育的问题及建议

校外音乐艺术特长教育面临一些问题，但也可以采取一些措施来改进和提高。以下是针对问题的一些建议。

（一）培养目标方面

校外音乐艺术特长教育应摒弃过度功利化思想，注重学生的长期发展。这意味着不仅仅关注短期的考级成绩或比赛荣誉，还更加注重学生在音乐领域的全面发展和长期进步。

首先，学校外机构应该提供科学连贯的技能训练，帮助学生在特长领域不断提高技能水平。这包括系统地培养学生的演奏技巧、音乐理论知识和表演能力，使其能够在不同的音乐场合中展现出卓越的表现。

其次，注重音乐素养的提高。音乐素养是学生理解和欣赏音乐的能力，包括对音乐的情感理解、音乐史和文化的认知等。通过培养学生的音乐素养，他们能够更好地理解音乐作品、表达情感并与其他艺术形式进行交叉融合。

同时，培养学生的创造力也是非常重要的。校外音乐艺术特长教育应该鼓励学生通过创作音乐或进行即兴演奏来发展自己的创造力。这样的培养方式将使学生能够在音乐领域展现独特的风格和个性，进一步提高其艺术水平。

最后，制定个性化的培养方案是十分关键的。每个学生的特长和需求都是不同的，因此校外音乐艺术特长教育应该针对每个学生的情况量身定制培养方案。这需要教师和学生及其家长之间的充分沟通和了解，以确保培养计划能够最大程度地发挥学生的潜力。

总之，校外音乐艺术特长教育应该以学生的长期发展为导向，摒弃功利化思想，注重技能训练、音乐素养和创造力的培养，并为每个学生制定个性化的培养方案，以实现他们在音乐领域的全面成长。

（二）教学形式方面

1. 加强监管机制，规范上课形式和频率

确保校外音乐艺术特长教育机构有效的监管机制，监督和规范上课形式和频率。这可以通过建立相关的教育标准、审核制度和评估机制来实现，确保学生能

够在合适的时间和条件下接受教育，避免过度学习或缺乏学习的情况发生。

2.培养学生的自主能动性

鼓励学生在校外音乐艺术特长教育中发展自主学习的能力。除了传授音乐技能和知识外，培养学生的自主能动性也是非常重要的。学生应该被鼓励在没有教师约束的情况下自觉主动地进行学习和实践，以培养他们的自我管理、自我激励和目标设定能力。

3.创新教学形式，多样化授课方式

为了提高学生的学习兴趣和丰富学习体验，校外音乐艺术特长教育可以采用多样化的教学形式和授课方式。例如，利用多媒体技术和互动教学工具，创造生动有趣的教学环境；引入合作学习的方法，鼓励学生相互合作、交流和分享经验。通过创新教学形式，可以提高学生的参与度和学习效果。

总之，校外音乐艺术特长教育需要加强监管机制以规范上课形式和频次，培养学生的自主能动性，让他们能够在没有教师约束的情况下自觉主动学习，并创新教学形式，多样化授课方式，利用多媒体和合作学习等方法，丰富学习体验，提高学习兴趣。这样能够更好地促进学生在音乐艺术领域的全面发展和成长。

（三）教学内容方面

1.拓宽音乐特长类别的选择

为了满足不同学生的兴趣和需求，校外音乐艺术特长教育可以拓宽音乐特长类别的选择范围。引入更多冷门专业教师，涵盖更多音乐领域，例如声乐、作曲、音乐制作、乐器制作等。这样可以让学生有更多样化的选择，从而能够发展自己独特的音乐特长。

2.避免过度注重基本功和考级曲目

除了基本功和考级曲目的教学，应该拓宽教学内容，注重音乐素养的培养和理论知识的传授。音乐艺术教育不应仅仅局限于技巧的训练，还应该注重培养学生的音乐欣赏能力、表达能力和创造力。通过引入音乐史、音乐理论、曲式分析等内容，帮助学生更深入地理解音乐，提升他们对音乐的综合素养。

3. 强调音乐素养的培养

音乐素养是音乐学习和表演的基础。在校外音乐艺术特长教育中，应该注重培养学生的音乐素养。这包括音乐听力训练、音乐分析能力、音乐表达和演绎技巧等方面。通过系统的音乐素养培养，学生可以更好地理解和欣赏音乐，提高自身的表演水平和艺术修养。

总之，校外音乐艺术特长教育应该拓宽音乐特长类别的选择，引入更多冷门专业教师，提供多样化的选择；避免过度注重基本功和考级曲目，要拓宽教学内容，注重音乐素养的培养和理论知识的传授。这样能够更好地满足学生的兴趣需求，以培养他们全面的音乐能力和素养。

（四）师资力量方面

1. 加强监管机制

建立统一的管理平台，确保校外特长培训机构的教学质量和安全管理得到有效监管。该平台可以包括规范上课形式和频次、教学内容和教材选择、师资水平要求等方面的规定，以确保校外特长培训机构的教学质量和学生的权益得到保障。

2. 规范师资水平

校外特长培训机构应该注重教师的专业技能培训，提高他们的教学水平和能力。这可以通过定期组织专业培训课程、邀请专业音乐教育专家进行指导和培训、鼓励教师参与专业交流和学术研究等方式实现。通过提升教师的专业素养和教学能力，可以提高校外特长培训机构的教学质量。

3. 强调教书育人的初心

音乐特长培训机构应该以教书育人为初心，关注学生的全面发展和人格培养。除了技能的培养，教师还应注重学生的个性发展、音乐素养的提升和创造力的培养。通过鼓励学生的自主学习和思考，培养他们的自主能动性，让他们在没有教师约束的情况下也能自觉地学习和进步。

总之，加强对校外特长培训机构的监管，建立统一的管理平台，规范师资水平，以及强调教书育人的初心，都是提高校外音乐艺术特长教育质量的重要举措。通过这些措施，可以保障学生的权益，提高教学质量，促进学生的全面发展。

（五）学生评价方面

1. 结合客观评价与主观评价

评价方式应该综合考虑客观评价和主观评价的因素。客观评价可以包括考级成绩、比赛成绩等，而主观评价则可以考虑学生的表现、音乐素养、创造力等方面。通过综合考虑这两方面的评价指标，可以更全面、公正地评判学生的学习成果。

2. 平时表现和音乐素养的认可

除了注重考级和比赛结果，还应该重视对学生平时表现和音乐素养的认可。这可以通过定期的评估和反馈机制来实现，例如，教师定期观察学生的学习态度、乐器技巧和艺术表现，并及时给予肯定和建议。这样的评价方式可以鼓励学生在日常学习中努力提升，注重整体素养的培养，而不仅仅是追求考级和比赛的成绩。

3. 提供个性化评价和指导

每个学生的特长和发展方向都可能不同，因此评价方式应该注重个性化。校外音乐艺术特长教育可以制定个性化的评价标准和指导方案，根据学生的特点和需求给予相应的评价和指导。这样可以更好地激发学生的兴趣和潜力，促进他们的长期发展。

通过多元化的评价方式，将客观评价与主观评价相结合，并重视平时表现和音乐素养的认可，可以更好地反映学生的整体发展和潜力。这样的评价方式有助于培养学生的兴趣和创造力，鼓励他们在音乐艺术领域实现个人价值。

这些建议旨在促进校外音乐艺术特长教育的健康发展，提高学生的音乐素养和技能水平，培养学生对音乐的兴趣和热爱，并促使他们在长期发展中取得更好的成果。

第五章 铸造"三力"课堂：学习有动力、课堂有活力、师生有能力

在当今快速发展的教育环境中，铸造充满活力和能力的"三力"课堂成为教育改革的迫切需求。本章旨在研究音乐学科核心素养理念对音乐教师的挑战，并探讨微格教学、翻转课堂和慕课教育模式在高中音乐教育中的应用。同时，本章还将关注高中音乐综合课程的教学实施以及新课标下的高中音乐模块教学探究与实施。

第一节 音乐学科核心素养理念对音乐教师的挑战

一、对《普通高中音乐课程标准》（2017年版2020年修订）的分析

2012年，教育部开始修订普通高中音乐课程标准，旨在总结过去教学中遇到的问题并进行改革优化，以更好地贯彻立德树人的发展理念。修订工作涉及音乐结构、音乐课程、教材编写、课堂教学标准等方面内容。修订过程中，根据音乐学科特点和跨学科核心素养，对音乐学科的核心内涵进行了分析；结合学习内容和学生学业质量的评判标准，优化了学生学业水平的划分机制；从教学方法角度规划提升教学质量，并优化了学生教学评价标准，构建了以音乐学科核心素养和教学评价为主要内容的教学评价体系。

2020年修订的新课标在2003年标准的基础上要求教师深入了解音乐教育在普通高中教育中的定位，围绕音乐学科核心素养开展教学活动。此外，学校还需

要根据实际情况建立学生学业质量考核标准，对普通高中的人才培养有更深入的认知，并以此为依据对音乐教学内容和方法进行优化，实现与高考改革的衔接，提升教师团队的整体教学水平。

总的来说，修订的音乐课程标准旨在提升音乐教育的质量和学生的综合素养，更加注重音乐的审美价值和实践性，并促进音乐教育与社会需求的对接。通过对核心素养的强调和教学评价的优化，旨在培养具有综合能力和创新精神的高中毕业生。

（一）《普通高中音乐课程标准》2020年修订版的变化

《普通高中音乐课程标准》2020年修订版进一步明确了普通高中教育的定位，旨在培养学生全面发展的音乐素养和审美能力，促进其艺术修养和人文素养的提升。该标准强调了音乐课程的多元性和综合性，要求学生在音乐表演、创作、鉴赏和音乐文化传承方面取得均衡发展。同时，该标准注重培养学生的审美情趣和创造力，鼓励学生通过音乐表达自我、感知世界和理解文化。通过实施该标准，普通高中音乐教育能够更好地满足学生的需求，培养他们的音乐素养和人文素养，为他们未来的学习和生活奠定坚实基础。

将课程类别调整为必修课程、选择性必修课程和选修课程，在保证共同基础的前提下，为不同发展方向的学生提供有选择的课程。同时，进一步明确各类课程的功能定位，与高考综合改革相衔接：必修课程根据学生全面发展需要设置，全修全考；选择性必修课程根据学生个性发展和升学考试需要设置，选修选考；选修课程由学校根据实际情况统筹规划开设，学生自主选择修习，学而不考或学而备考，为学生就业和高校招生录取提供参考。另外，合理确定各类课程学分比例，在毕业总学分不变的情况下，对原必修课程学分进行重构，由必修课程学分、选择性必修课程学分组成，适当增加选修课程学分，既保证基础性，又兼顾选择性。[1]

根据2020年修订版的《普通高中音乐课程标准》，教师要制定学生学业考核标准，特别是在艺术表演模块中，需要详细规划分级组织考核，作为教学活动的依据。

---

[1] 中华人民共和国教育部制定.普通高中音乐课程标准：2017年版2020年修订[M].北京：人民教育出版社，2020.

目前，根据实际教学情况，高中音乐课程的必修和选修课程被划分为六个模块。每个模块都有三个等级，学生需要完成18个课时的学习，并通过相应的学业考核。例如，学生在第一模块学习完成后需要参加学校开展的专业测评，达到水平一的标准即可获得一个学分。完成第二和第三模块的学习后也需要进行考核，通过两个模块的考核可以获得两个学分。可以看出，在新课标下，学生想要获得学分必须通过相应的考核。相较以往，新课标对学生专业水平测试更加严格和具体，测评的内容和形式也更为丰富和全面。学生的听、说、读、写等方面的能力都会被涉及。例如，要求学生听一段音乐后，能够说出作品的名称、素材和形式；要求学生列举不同音乐类别中具有代表性的作曲家和作品；要求学生对个人喜欢的音乐主题和作品有独特见解；要求学生能够随着音乐节奏哼唱旋律，并以文字表达个人观点。这些都是教师对学生阶段学习的基本考核要求。

教师应尊重学生的不同音乐兴趣和才能，并根据学生的需求和潜力提供个性化的教学指导。同时，教师还应促进学生对不同音乐文化的理解和尊重，培养学生的跨文化交流能力和欣赏多元音乐的能力。

在进行学业质量考核时，教师需要制定公正、客观的评价标准，确保考核内容涵盖音乐知识、技能和情感表达等方面。评价形式可以多样化，包括书面测试、听音辨析、表演演奏、作品创作等，以全面了解学生的学习成果和发展情况。

教师还应注重提供及时的反馈和指导，帮助学生发现自身的优势和不足，并给予相应的指导和支持。通过建立积极的学习环境和鼓励学生的自主学习能力，教师可以激发学生的学习动力和创造力，促进其在音乐学科中的全面发展。

总之，教师在进行学业质量考核时应秉持认真、严谨的态度，尊重学生的多样性和个性差异，建立标准化、体系化、全面化的评价标准，并提供及时的反馈和指导，以推动学生音乐素养和综合能力的提升，让音乐教育在当今的多元文化环境中发挥更大的作用。

（二）音乐课程基本教育理念的变化

2020年修订版的《普通高中音乐课程标准》涉及的基本教育理念主要包括六个方面，其中增加了两个新主题：丰富课程选择和优化音乐评价机制。新标准立足于音乐教育的核心素养，进一步满足了当代教育的需求。通过将艺术实践类课程如合唱和合奏融入新标准，使高中音乐教学内容更加丰富，学生具备更多的选择权，可以根据个人兴趣进行选修。这更好地体现了以学生为主的思想观念，符合当代学生对音乐教育的需求，极大地推动了国内当代音乐教育的发展。此外，2017年版的音乐教育标准进一步强调了音乐评价机制在现代音乐教育中的作用。相较于之前模糊的课程标准，当代音乐课程教育的评价标准更加全面，具有清晰的线条和合理的内容安排。其目的在于通过音乐课程教育，使学生在艺术审美、文化理解和艺术表现等方面都能够得到较大程度的提升。回顾过去，美育在音乐教育中长期以来没有被独立纳入现代音乐教育体系，音乐只是德育教育的一部分或者德育课程教学中的手段。这表明以往美育在教育中的作用和价值未能得到充分凸显。

首先，2020年修订版的《普通高中音乐课程标准》的研制背景考虑到了当代社会对音乐教育的需求和发展趋势。在信息时代和多元文化交融的背景下，音乐教育需要适应新的需求，提供更广泛的学科内容和更灵活的教学方法。

其次，修订内容体现了对音乐核心素养的重视。标准强调了音乐学科的核心素养培养，包括音乐技能、音乐知识、音乐情感和音乐思维等方面。通过丰富的教学内容和活动，学生可以全面发展自己的音乐素养，提高审美能力和艺术表达能力。

最后，基本教育理念的变化体现了对学生个体发展的关注。新标准强调了学生的实践表演和文化理解能力的培养，鼓励学生通过音乐表达自我、感知世界和理解文化。标准还引入了条理清晰的评价机制，以便更好地评估学生的学习成果和发展情况。

综上所述，2020年修订版的《普通高中音乐课程标准》在研制背景、修订内容和基本教育理念方面都体现了对音乐核心素养的推动。通过这些变化，旨在培养学生的审美感知、艺术表现能力和文化理解能力，为他们的全面发展和未来的学习生活奠定坚实基础。

（三）音乐学科核心素养理念对音乐教师培养的要求

1.教师需全面了解音乐学科核心素养

为培养学生的音乐学科核心素养，教师首先应清楚音乐学科核心素养的基本框架和内容。只有掌握了音乐学科核心素养的要点，教师才能在教学过程中融入相关内容。教师需要拥有音乐专业知识与技能，并紧跟国家的发展步伐，积极学习和研究最新的教育文件。

2.教师需不断提高专业技能，更新教学方法

作为优秀的专业音乐教师，个人需要具备扎实的专业技术能力和音乐理论基础。例如，在培养学生自主学习能力方面，教师可以在音乐课堂上组织学生进行合作探讨和音乐作品欣赏，指导学生深入了解作品，并通过引导学生在探究中学习，培养学生独特的音乐审美意识。此外，教师还可以从学生对流行音乐的兴趣出发，通过讨论和引导，提升学生的音乐表演能力和审美素养。

3.教师需灵活运用现代化教学手段

现代多媒体技术已成为课堂教育的重要组成部分，音乐教育也应适度引入现代媒体技术，激发学生的音乐学习兴趣。

二、以核心素养为导向的音乐教师培养

（一）音乐教师的基本能力

优秀音乐教师需要具备一定的基本能力和心理品质。以下是音乐教师的基本能力和心理品质要求。

1.音乐教师的知识能力结构

（1）职业道德

具备良好的职业道德，热爱祖国和教育事业，关心学生，有责任心和进取心。

（2）文化素养

教师需要有广泛的文化知识和高尚的审美情趣，同时表现出积极的教学态度和专业精神，具备敏锐的洞察力和逻辑思维能力，能够深入理解学生的需求并做出恰当的教学安排。此外，教师应运用流畅、优美的教学语言，展现出良好的仪表形象，使教学更加生动有趣，让学生更容易理解和接受知识。

2.音乐教师的专业能力

（1）音乐欣赏教学的专业技能

具备音乐史学和作曲基础理论的知识，能够全面了解音乐作品的背景、形象、特点和意义。

（2）演唱、演奏教学的专业技能

具备扎实的演唱和演奏基本功，至少掌握一两件乐器，并能传授给学生。

（3）音乐理论的专业技能

包括基本乐理、视唱练耳、和声写作、音乐作品分析、指挥常识、音乐史和音乐美学等。

3. 音乐教师的教学能力

（1）良好的课堂教学组织能力

教师需要有良好的课堂组织能力，能够有效地安排和管理教学过程。他们能够把文化知识、专业技能和音乐教育规律结合在一起，有条不紊地进行教学工作。他们知道如何设定教学目标、制定教学计划，并在课堂上有序地传授知识和技能。他们善于利用各种教学资源和教具，使学生能够积极参与学习，提高他们的音乐素养和技能水平。教师需要熟悉教材并能够灵活运用，具备备课的能力。同时，教师需要有流畅的语言表达能力，能够清晰地向学生传达知识和信息。应当善于根据学生的不同情况和需求，采取相应的教学方法，因材施教。此外，教师还应能够组织各种课内外的教学活动，为学生提供更多的学习机会和实践经验。

（2）课外音乐活动组织能力

教师需要具备组织课外音乐活动的能力，包括音乐讲座、音乐会和歌咏比赛等。同时，教师应能够安排各种规模的活动，激发学生的兴趣和参与度。通过这些活动，学生能够展示他们的才华和创造力，同时与课堂教学相结合，加深对音乐知识和技能的理解和运用。教师能够精心策划活动内容，组织学生进行排练和演出，提供指导和反馈。教师应善于调动资源，与学校、社区或其他机构合作，为学生提供更广阔的音乐舞台和展示机会。通过这些课外音乐活动，学生可以全面发展自己的音乐才能，培养自己的自信心和团队合作精神。

（3）教学科研能力

教师需要具备教学科研能力，能够对自己的教学进行总结和思考，能够学习他人的教学经验，吸取先进的教学改革信息，以不断提高自己的教学水平。教师会反思自己的教学方法和策略，探索更有效的教学方式，寻找适合学生的教学资源和教材。会参与教育研讨会和培训课程，与同行进行交流和合作，不断更新自己的教学知识和技能。通过教学科研，教师能够不断提升自己的教学能力，为学生提供更好的教育和发展机会。

4.音乐教师的心理品质要求

作为一名音乐教师，除了音乐技能和知识外，还需要具备一些心理品质。以下是成为一名出色音乐教师所需的心理品质。

（1）耐心

学习音乐需要时间和耐心。作为音乐教师，需要有耐心地引导学生，帮助他们克服困难，并逐步提高他们的技能和表现能力。

（2）温和、和善

与学生相处时，温和、和善的态度是非常重要的。这样可以建立良好的师生关系，鼓励学生积极参与并享受学习音乐的过程。

（3）激励和激发热情

作为音乐教师，应该能够激励学生，并激发他们对音乐的热情。通过赞扬和正面的鼓励，帮助学生建立自信，充分发挥他们的潜力。

（4）适应性和灵活性

每个学生都有自己独特的学习风格和需求。作为音乐教师，需要具备适应性和灵活性，能够根据学生的需求和能力调整教学方法和策略。

（5）倾听和沟通

良好的沟通技巧和倾听能力对于与学生和家长建立有效的沟通至关重要。作为音乐教师，应该能够理解学生的需求和关切，并与他们建立良好的沟通渠道。

（6）激发学生的创造力

音乐是一门艺术，鼓励学生发展自己的创造力是重要的。作为音乐教师，应该能够提供学生表达自己音乐才能的机会，并激发他们的创造性思维。

这些心理品质对于成为一名优秀的音乐教师具有极大的帮助，能够让教师在教学中培养学生对音乐的热爱和能力。记住，这些品质可以通过不断地实践和反思来发展和提升。

（二）音乐教师的培养、培训与课程设置

1.高师音乐教育专业的培养目标

高师音乐教育专业的培养目标是培养具备教育素养和音乐专业知识技能的高

中音乐教师。具体来说，高师音乐教育专业的培养目标包括以下几个方面。

（1）教育素养

培养学生具备良好的教育伦理道德素养，具备教育心理学和教育方法学的基本理论知识，能够理解和应用教育学原理，有较强的教育教学设计和组织能力，良好的人际沟通和协作能力。

（2）音乐知识和技能

培养学生全面掌握音乐学科的基本理论和专业知识，包括音乐史、音乐理论、作曲、指挥、演奏等方面的知识。同时，培养学生具备扎实的音乐表演技能，能够独立进行音乐创作和演奏，并能够指导学生进行合唱、乐团建设和合奏等音乐活动。

（3）教学能力

培养学生具备高水平的音乐教学能力，包括教学设计和课堂组织能力，教学方法和技巧的掌握，学生评价和指导能力。教师应具备灵活的教学策略，能够根据学生的特点和需求进行个性化教学，激发学生的音乐兴趣和潜力。

（4）专业发展和创新能力

培养学生具备自主学习和终身学习的能力，能够不断更新音乐教育理念和方法，关注音乐教育领域的最新发展，能够独立进行教育研究和实践创新，提高自己的教育水平和专业影响力。

综上所述，高师音乐教育专业的培养目标是培养具备教育素养、音乐知识和技能、教学能力以及专业发展和创新能力的高中音乐教师。这样的专业人才能够胜任高中音乐教学工作，提供高质量的音乐教育，促进学生全面发展和音乐文化传承。

2. 高师音乐教育专业的课程设置

高师音乐教育专业的课程设置通常可以分为以下三大类别。

（1）音乐表演类课程

声乐、器乐这些课程旨在提高学生的个人演唱、演奏技能，培养乐感和音乐表演能力。

合唱、合奏、指挥这些课程以集体授课形式为主，旨在培养学生的集体合作意识，训练学生对音乐的多层次处理能力，发展实际的组织和指导能力。

（2）专业音乐理论课程

音乐基础课程包括基本乐理、视唱练耳、中外音乐名作欣赏、民族民间音乐等课程，旨在培养学生对音乐的基础认识和感性理解能力。

作曲技术课程包括和声、曲式、复调、配器、钢琴伴奏写作，旨在培养学生的作曲和创造性思维能力。

理论修养课程包括中外音乐史、世界民族音乐史、民族音乐学、音乐文学等课程，旨在提高学生的音乐理论修养水平。

（3）交叉学科理论课程

音乐类课程如音乐美学、音乐教育学、音乐心理学、音乐社会学、音乐人类学等，旨在培养学生对音乐相关领域的综合理解和研究能力。

文化类课程如中西方哲学、中外艺术史、文化史、中西方美学、文化人类学等，旨在拓宽学生的文化视野和知识结构。

科技类课程如计算机音乐、MIDI制作、软件开发、信息联网技术等，旨在培养学生对音乐科技领域的应用能力。

这些课程相互联系和相互交叉，构成了完整的课程设置框架。整体上，高师音乐教育专业的课程设置旨在培养学生的审美鉴赏能力、审美表现能力、审美创造能力以及文化素养。这样的课程设置能够帮助学生在音乐教育领域实现全面发展。通过音乐表演类课程，学生能够提高个人演唱、演奏技能，并培养集体合作意识和组织能力。专业音乐理论课程使学生掌握音乐基础知识和技术，培养创造性思维和作曲能力。交叉学科理论课程拓宽学生的知识结构，增强他们对音乐及相关文化领域的综合理解和研究能力。

这种全面的发展有助于学生成为博学多才的音乐教育专业人才。

综上所述，高师音乐教育专业的课程设置旨在培养学生的综合素质和专业能力，使他们能够在音乐教育领域中做出卓越的贡献，同时也为他们未来的发展打下坚实的基础。

3. 音乐教师的来源

在我国普通学校中，音乐教师的来源主要包括以下五个方面。

（1）高等学校

包括高等师范学校、艺术院校和综合性大学的艺术院系等。这些学校培养具备专业音乐教育背景和知识的学生,他们在毕业后可以成为普通学校的音乐教师。

(2)中等师范学校

包括中等师范学校、艺术学校的师资班以及普通中师、幼师的音乐专业班等。这些学校培养专门从事音乐教育的教师,他们的教育背景和专业知识使他们成为普通学校音乐教师的潜在人选。

(3)成人教育

包括函授教育、电大、进修学习、网络教育以及教育学院等。这些途径可以让已经参加工作的人士进一步学习和提升自己的音乐教育能力,从而成为普通学校的音乐教师。

(4)具有音乐特长的高中毕业生及社会聘请的音乐教员

一些有音乐特长的高中毕业生可以通过进修、培训等方式提升自己的音乐教育水平,并成为普通学校的音乐教师。此外,一些学校也会从社会上聘请具有音乐特长的教员来担任音乐教师的职务。

(5)非音乐专业毕业但具有音乐特长的农村兼职音乐教师

在农村地区,由于资源限制和师资不足,一些非音乐专业毕业但具有音乐特长的人员可能会兼职担任音乐教师的职务,为学生提供基础的音乐教育。

目前,高中音乐教师面临一些问题,如新老交替速度加快、教师思想观念陈旧、教法单一、教育经费紧张等。相比之下,中师和高师的音乐教师师资情况相对较好,他们接受过高等专业音乐教育,师资队伍稳定且不断扩大。

音乐教育在中师和高校中逐渐得到认可和重视。在中师教育中,音乐课程成为重要的必修课程,旨在培养学生的音乐素养和教学能力。中师教育的音乐师资相对较好,中师和高师的教师们接受专业的音乐教育培训,具备音乐教育专业知识和能力,能够胜任普通学校的音乐教师岗位。

在高校中,音乐教育也得到了迅速发展与壮大。许多高校设立了音乐学院或音乐系,开设有音乐教育专业。高校音乐教育的师资力量强大,教师们具备丰富的教学经验,他们不仅在音乐教育理论与实践方面进行深入研究,还能够培养出具备创新思维和教育能力的音乐教师。

音乐教育在中师和高校的发展为培养合格的音乐教师提供了良好的基础。中师和高校的音乐教育专业通过系统的课程设置和专业训练,培养学生的音乐教育理论知识、教学技能和艺术修养。他们注重培养学生的综合素质和教育能力，使其能够胜任音乐教学工作，并对音乐教育的发展作出积极的贡献。

总之，中师和高校在培养音乐教师方面发挥着重要的作用，通过他们的努力和贡献，音乐教育得以不断提升和发展，为普通学校的音乐教育事业奠定了坚实的基础。

4.音乐教师的在职教育

音乐教师的在职教育是指他们在从事教育工作期间不断学习和专业发展的过程。这包括参加培训和研讨会、攻读学位、进行在线学习和自主学习，参与学校内部培训等形式。通过这些教育方式，音乐教师可以提升自己的教学技能和知识水平，更新教育理念和方法，以更好地适应不断变化的教育环境和学生需求。在职教育有助于建立专业化的教师队伍，提高音乐教育的质量。

发展在职教育是世界教育改革的趋势，许多发达国家都非常重视教师的在职教育，并制定了严格的教师进修条例与法规。在我国，发展在职教育和重视在职教育对于提升音乐教师的业务素养和专业水平非常重要。由于音乐教师的岗位特点和需求，因此需要加强对在职教育的支持和重视。

首先，教育部门可以加大对音乐教师在职教育的政策支持和资金投入，确保其顺利进行。这可以包括设立专门的教育基金、奖励计划和补贴措施，以鼓励音乐教师参与在职教育。

其次，建立完善的在职教育机制和平台，提供多样化的培训形式和课程内容。可以组织各种形式的培训班、研讨会、研修项目，邀请专家学者和优秀音乐教师举办讲座和指导，提供专业知识和教学技能的培训。此外，可以建立在线学习平台，提供网络课程和资源，方便音乐教师进行自主学习和交流。

再次，加强师资队伍建设，培养更多高水平的音乐教育师资。通过拓宽音乐教师的培养渠道，提高师范院校音乐教育专业的质量，加强音乐教师的职业发展规划和培训体系，吸引更多有音乐特长和潜力的学生加入音乐教育事业。

最后，鼓励学校和教育机构与社会资源合作，开展专业技能培训和实践教学。可以与音乐学院、文化机构、艺术团体等建立合作关系，为音乐教师提供实践机会和学术交流平台，促进他们与行业专业人士的互动和合作。

总之，发展在职教育、重视在职教育是提升音乐教师专业能力和素质的关键举措。通过政策支持、培训机制建设和合作资源整合，可以不断提升音乐教师的教学水平，推动音乐教育的发展和进步。

第二节　微格教学、翻转课堂、慕课教学模式的应用

一、微格在高中音乐教学中的应用

微格教学可以用多种方式翻译，包括"小规模教学""微观教学""小型教学"等。其中，"微"表示微小，"格"取自我国古代"格物致知"一词，意味着对事物进行分析推理。因此，微格教学不仅是指将课堂规模缩小以方便学生的训练和获得及时反馈及分析，还可以指导教师改进教学方法，提高教学技能。

微格教学是一种教学模式，强调在小规模环境中进行实践和观察，以提供更具针对性的反馈和指导。它通常包括教师借助录像、观察和评估工具，进行模拟教学或真实教学的细节分析和讨论。这种教学模式可以帮助教师发现自己的教学强项和改进空间，并通过反思和反馈不断提高自己的教学能力。

（一）音乐微格教学的特点

学习者在音乐微格教学中扮演不同的角色，如学生、观摩者、操作者和评价者。在不同环节中体验不同的角色，使学生能够多角度了解教学过程，加深对学习内容的理解。

音乐微格教学是一种以小组为单位，注重个性化学习和合作互动的教学方法。它具有以下特点。

1. 小组化教学

音乐微格教学将学生分组进行学习和合作，每个小组由几名学生组成。这种小组化的教学形式可以促进学生之间的互动和合作，增强他们的团队意识和协作能力。

2. 个性化学习

音乐微格教学注重满足每个学生的个性化学习需求。每个小组的学生可以根据自己的兴趣和能力选择适合自己的学习内容和学习方式。这样可以激发学生的学习动力，并帮助他们更好地发展自己的音乐才能。

3. 多元化教学资源

音乐微格教学提供丰富多样的教学资源，包括音乐素材、乐器、录音设备等。学生可以通过探索和运用这些资源，丰富自己的音乐体验和表达，增强创造力和艺术表现能力。

4. 循序渐进地学习过程

音乐微格教学将学习内容分为不同的阶段和任务，学生需要逐步完成每个任务，逐步提升自己的音乐能力。这种循序渐进的学习过程有助于学生建立起扎实的音乐基础，培养持久的学习兴趣和自信心。

5. 教师角色的变化

在音乐微格教学中，教师不再是传统意义上的知识传授者，而是充当引导者和促进者的角色。教师会提供必要的指导和支持，同时鼓励学生自主学习和探索，发挥他们的创造力和想象力。

音乐微格教学的特点使学生能够通过细致的分析、多角度的观察和全面的评价，提高自己的音乐学习和教学能力。它为学生提供了一个有针对性、互动性和反馈性强的教学环境，促进了他们的个人成长和专业发展。

综上所述，音乐微格教学通过小组化、个性化和合作互动的方式，提供丰富多样的教学资源，帮助学生发展自己的音乐才能，培养创造力和艺术表现能力。它促进了学生的自主学习和合作精神，丰富了音乐教育的教学方式和效果。

（二）音乐微格教学的现实意义

1. 调整教育方式

音乐微格教学通过反馈和评价的环节，帮助教师及时调整课堂教学，分析和解决存在的问题和缺陷，从而提高教师的教学质量。这有助于适应不断变化的教育需求，推动教育方式的创新和改进。

2. 个性化发展

音乐微格教学注重满足每个学生的个性化学习需求，帮助学生发展自己的音乐才能和兴趣。通过提供多样化的学习任务和资源，学生可以选择适合自己的学习内容和方式，培养独特的音乐风格和表达能力。

3. 合作与交流

音乐微格教学强调小组合作和互动交流，促进学生之间的合作意识和团队精神。学生在小组中共同学习、创作和表演，互相倾听和反馈，培养合作能力和社交技巧，同时也加强了学生与教师之间的互动与合作。

4. 创造力与表现力

音乐微格教学通过提供丰富的音乐素材和创作空间，激发学生的创造力和表现力。学生可以自由发挥，尝试不同的音乐风格和表达方式，培养艺术创造力和自信心，展现个人的音乐才华和个性。

5. 教学创新与变革

音乐微格教学推动了传统音乐教学模式的创新和变革。它倡导教师从传统的讲授者转变为引导者和促进者，注重学生的主体地位和自主学习。教师通过灵活运用教学资源和方法，满足学生的需求，提升教学效果，推动音乐教育的改革和发展。学生通过实践和反思，深入理解需要掌握的知识和技能，提升他们的理论水平和实践能力。这有助于培养学生对于教学过程的全面理解，加强他们对"教"和"学"内涵的把握。

6. 综合素养培养

音乐微格教学不仅注重音乐技能的培养，还关注学生的综合素养发展。通过音乐创作、表演和欣赏等活动，可以培养学生审美情操、情感表达、团队合作、批判思维和文化理解等综合素养，提高学生的综合能力和终身学习能力。

综上所述，音乐微格教学的实践对于调整教育方式、更新教育观念以及促进学生充分理解"教"与"学"的内涵具有重要的现实意义。它提供了一种创新的教学模式，能够更好地满足学生的学习需求，提高教学质量，促进学生的个人成长和专业发展。

（三）音乐微格教学的具体操作

音乐微格教学的具体操作包括以下几个方面。

1. 针对个体差异提出有针对性的解决方案

教师应根据每个学生的特点和音乐基础水平提供个性化的教学方案。针对学生的不同问题和需求,采取相应的指导和训练方法,帮助学生克服困难,提高演唱或弹奏技能。

2.强调细化训练和分析能力的培养

教师应引导学生进行细致的训练,将复杂的技巧和知识分解成小步骤进行学习和练习。同时,培养学生的分析能力,使其能够深入理解音乐的结构和特点,提高自主思考和解决问题的能力。

3.学习多种伴奏形式的创新性教学方法

教师可以鼓励学生学习和掌握不同的伴奏形式,包括有旋律和无旋律的伴奏。通过多样化的伴奏方式的学习和实践,可以拓宽学生视野,提升学生的表演技巧和音乐感知能力。

4.注重音乐综合素养的提升

除了弹唱技能的训练,教师还应注重培养学生的音乐综合素养。学生应深入了解演奏曲目的背景、风格和情感内涵,注重情感表达和舞台演出的技巧,以实现更加综合和出色的音乐表演。

通过以上具体操作的内容可以看出,音乐微格教学能够帮助学生在音乐学习中提高技能水平,增强对音乐的理解和表达能力,培养综合素养,并激发学生的学习兴趣和积极性。同时,教师也需要在实践中不断总结和调整教学策略,以更好地适应学生的需求和发展。

二、翻转课堂在高中音乐教学中的应用

(一)翻转课堂的内涵

传统的课堂教学中,老师主要以讲授知识为主,学生则以听讲为主,这种方式已经不能满足学生的学习需求,容易引发学生的无聊和厌学情绪。特别是对于资优学生而言,这种教学方式可能会耽误他们的成长和发展。因此,需要重新思考在学生已经学习并掌握基本知识的情况下,课堂上应该教授什么内容以及如何进行教学,这是一个必须面对的时代新课题。基于此,翻转课堂的概念应运而生。

翻转课堂的概念是基于信息技术的支持,利用学习平台和教学微视频等工具,

使学生在课前通过自主学习来掌握基本知识。[①]

翻转课堂的核心思想是将传统的课堂教学方式颠倒过来，使学生在课前通过自主学习获得基本知识，而课堂上则成为学生运用知识、互动交流和探究问题的时间和空间。这种教学模式能够激发学生的主动性和创造力，提高学生的学习兴趣和参与度。同时，通过个性化指导和差异化教学，翻转课堂也能够更好地满足学生个体发展的需求。

翻转课堂的实施需要依靠信息技术的支持，例如学习管理平台、教学微视频、在线学习资源等。教师在制作教学微视频时，需要简明扼要地讲解重点知识，激发学生的思考和问题解决能力。学生在课前通过观看视频和阅读资料，初步了解知识内容，为课堂上的深入学习做好准备。而在课堂上，教师则是引导和辅导的角色，针对学生的学习情况和困惑，提供个性化的指导和解答。

翻转课堂的实施需要教师具备不断学习和创新的意识，掌握信息技术的应用方法，以及灵活运用不同教学策略的能力。同时，学校和教育机构也需要提供必要的支持和资源，鼓励教师进行专业发展和教学研究，促进翻转课堂的推广和实践。

总之，翻转课堂作为一种现代音乐教育教学的创新方式，强调学生的主动学习和参与，借助信息技术的支持，提供个性化指导和差异化教学，促进学生的综合素质发展。通过翻转课堂，可以更好地培养学生的创造力、批判性思维和合作能力，使他们成为适应现代社会发展需求的音乐人才。

（二）高中音乐课堂实施翻转课堂的可行性

实施翻转课堂在高中音乐教学中具有可行性，原因如下。

1. 信息技术的支持

现代信息技术的快速发展为音乐教学提供了丰富的资源和工具。教师可以利用多媒体和在线学习平台制作和分享教学资源，学生可以通过电脑、智能手机等设备进行观看学习。这样的技术支持使得翻转课堂模式更加可行和便利。

2. 学生的信息素养

高中学生已经具备一定的信息素养和自主学习能力。他们熟悉并能灵活运用

---

① 田爱丽. 基础教育慕课与翻转课堂教学理论和实践 [M]. 上海：华东师范大学出版社，2015.

信息技术，能够自主获取和处理学习材料。同时，他们的观察能力和逻辑思维能力也有所提升，能够更好地适应翻转课堂的学习方式。

3.微课教学模式的应用

微课作为一种短小精悍的教学资源，与翻转课堂教学模式相互配合。教师可以利用微课在课前引导学生进行预习，让学生在课堂上更好地参与讨论和互动。微课的应用为学生自主学习提供了学习支撑，同时也方便学生在需要复习时再次观看微课内容。

总的来说，高中音乐课堂实施翻转课堂是可行的。信息技术的支持、学生的信息素养以及微课教学模式的应用，为实施翻转课堂提供了良好的条件。通过翻转课堂，学生可以在课堂上更加积极地参与互动和实践，提高学习效果和音乐素养。教师也能更好地指导和辅导学生，促进个性化学习和发展。

（三）高中音乐教学中翻转课堂教学模式的实施

在高中音乐教学中实施翻转课堂教学模式时，可以按照以下步骤进行。

1.课前准备

创建班级 QQ 群、微信群或其他在线平台，用于学生和教师之间的沟通和学习资源的共享。

教师将学习任务卡、微课视频等上传到班级群内，供学生下载和学习。

学生在课前自主学习阶段，观看微课视频，完成学习任务卡，并在班级群中与教师或其他学生进行讨论和交流。

2.课堂教学

教师收集学生在自主学习中遇到的问题，并根据学生上传的学习任务卡进行分析和总结。

在课堂上，教师引导学生进行合作探究活动，以解决学生遇到的问题。学生可以以小组为单位进行合作，探索解决问题的途径。

教师可以设计各种合作活动，如唱词配合、打拍子伴奏等，促进学生之间的合作和互动。

教师扮演"教练"的角色，监督学生的合作训练，并提供指导和反馈，帮助学生掌握知识和技能。

3. 课后反思

教师在课后进行反思，评估学生的学习情况，总结教学效果，并调整后续教学计划。

教师根据学生的个体情况设计不同的任务卡，确保学生的学习任务能够贴近他们的学习需求。

在微视频制作过程中，教师要注重知识的讲解和趣味性的增加，以提高学生的学习兴趣和效果。

针对学生的合作问题，教师可以在平时进行合作训练，指导学生理解合作学习的重要性，并设置明确的合作任务，促进学生的积极参与。

通过以上步骤的实施，高中音乐教学中的翻转课堂模式可以更好地推进学生的自主学习和合作探究，提高学生的学习效果和兴趣，促进其音乐素养的全面发展。

（四）高中音乐教学中实施翻转课堂的问题

在实施翻转课堂的过程中，高中音乐教师可能面临一些问题，如学生的课前自主学习热情不高、学生课堂讨论自控力不强以及大班制教学造成的问题。下面是对这些问题的解决建议。

1. 学生课前自主学习热情不高

（1）提高学生对音乐学科的认识和兴趣

通过音乐欣赏、名曲赏析等活动，激发学生对音乐的兴趣和热情，使他们意识到音乐学科的重要性。

（2）设计有趣和具有挑战性的学习任务

在学习任务卡和微课视频中增加趣味性和互动性的元素，吸引学生的注意力，并设计一些挑战性的问题激发学生的求知欲。

（3）与家长沟通

与家长分享翻转课堂的教学理念和效果，解释学生在课前自主学习中使用电子产品的必要性和价值，并争取家长的支持。

2. 学生课堂讨论自控力不强

（1）设定明确的讨论目标和规则

在课堂开始前明确告知学生讨论的目标和规则，要求学生集中注意力并保持学习的积极性。

（2）提供支持和指导

教师在课堂讨论中担任引导者和指导者的角色，时刻关注学生的学习情况，及时提供支持和指导，帮助学生解决问题和整合思路。

（3）设计合适的讨论活动

选择与音乐知识和技能相关的话题和问题，引导学生有针对性地讨论，避免偏离主题。

3. 大班制教学造成的问题

（1）分组合作

将学生分成小组，每个小组由一名组长负责协调组内学生的学习进度和问题解答，通过小组合作让学生在探究中互相帮助和学习。

（2）差异化教学

针对学生的不同水平和问题，教师可以设定不同的任务和活动，提供个别辅导和指导，以满足不同学生的学习需求。

（3）教师个别辅导时间

安排一定时间对学生进行个别辅导，解答他们的疑问，对于学生难以理解的知识点进行针对性的解释和巩固，这可以通过额外的办公时间、课后辅导或是安排个别会议来实现。在这些辅导时间内，教师可以与学生进行一对一或小组交流，针对学生的困惑和问题提供针对性的解释和指导，帮助他们更好地理解和掌握音乐知识。

三、慕课在高中音乐教学中的应用

（一）慕课的定义与特点

1. 慕课的定义

慕课，全称为"大规模开放在线课程"，是一种通过互联网平台提供的大规模在线教育课程。慕课通常由知名的高校、教育机构或专业机构开设，面向全球范围内的学习者提供免费或付费的在线学习机会。

2. 慕课的特点

慕课的特点包括如下。

（1）大规模性

慕课可以同时面向成千上万甚至更多的学生，突破了传统课堂的地域和时间限制，实现了大规模的教育覆盖。

（2）开放性

慕课对所有人开放，无论学历、地域、背景等限制，任何人都可以自由选择参与学习，享受教育资源的公平共享。

（3）在线性

慕课通过互联网平台提供在线学习环境，学生可以在任何时间、任何地点通过电脑、平板电脑或手机等设备参与学习，具有较高的灵活性和便利性。

（4）多媒体教学

慕课通常采用多媒体教学手段，结合文字、音频、视频、互动式教学和在线讨论等形式，丰富教学内容，提供多样化的学习资源。

（5）自主学习

慕课注重学生的自主学习，学生可以根据自己的学习进度和兴趣选择课程内容，自主安排学习时间和学习方式，享受个性化的学习体验。

慕课的发展为广大学生提供了更加灵活和便捷的学习机会，拓宽了知识获取的渠道，推动了教育的全球化和普及化。同时，慕课也为教育机构提供了新的教学模式和教育资源共享的机制，促进了教育的创新与发展。

（二）慕课对高中音乐教学的帮助

1. 丰富学习资源

慕课提供了大量的音乐学习资源，包括音乐理论、乐器演奏、音乐历史、作曲技巧等方面的知识。学生可以通过慕课学习到更广泛的音乐内容，拓宽视野，增加对音乐的了解和欣赏能力。

第五章　铸造"三力"课堂：学习有动力、课堂有活力、师生有能力

2.灵活学习方式

慕课的在线学习方式使得学生可以根据自己的学习进度和时间安排自主学习。学生可以选择合适的时间和地点进行学习，根据个人兴趣和需求选择相关课程，实现个性化的学习体验。例如，当教师在课堂上讲授《黄河大合唱》这首包含8个篇章的合唱曲时，由于时间有限，无法完整地涵盖所有内容。这时，教师可以选择播放中央音乐学院提供的《黄河大合唱》慕课视频，让学生通过观看视频来了解这部作品的时代背景、革命情感和民族特征。这样的学习方式能够让学生深刻感受到这部作品所传递的爱国主义情感，因为视频能够生动地展示作品的历史背景和演唱效果。

此外，教师还可以选择配合播放一两个乐章的合唱内容，让学生通过观看和聆听，了解一些民族音乐的旋律、曲式结构和演唱技巧。这样的学习方式可以增强学生对民族音乐的兴趣，让他们更加自豪地认同自己的民族文化。

通过使用慕课视频，教师能够在有限的课堂时间内，有效地引导学生了解和欣赏音乐作品，提供丰富的学习资源，增强学生的学习效果和体验。这种结合传统教学和慕课资源的方式，使得音乐教学更加有趣和生动，让学生在音乐学习中得到更多的启发和体验。

3.提升技能和表现能力

慕课中的音乐课程通常包含实践性的内容，如乐器演奏指导、声乐技巧训练等。学生可以通过慕课学习和练习这些技能，提升自己的演奏能力和表现能力。

4.互动与合作机会

慕课平台通常提供学生之间的互动和合作机会，如在线讨论、作业提交和评价等。学生可以与其他学生交流和分享学习心得，共同学习和成长。

5.跨地域学习交流

慕课可以让学生与其他地区的学生一起学习，进行跨地域的学习交流。学生可以通过慕课结识来自不同地方的音乐爱好者，分享彼此的音乐经验和观点，开阔自己的音乐视野。

总的来说，慕课为高中音乐教学提供了更广泛的学习资源和学习方式，帮助学生扩展知识领域、提升音乐技能，并促进学生之间的交流与合作。它为高中音

乐教学带来了更加灵活和多样化的学习体验，丰富了教育资源，提高了音乐教学的效果和质量。

（三）慕课在高中音乐课堂中的应用策略

1. 引导学生自主学习

教师可以选择适合的慕课资源，并将其作为学生自主学习的补充材料。学生可以在课后或自习时间观看慕课视频，拓展自己对音乐知识和技能的理解。

2. 提供课前预习和课后复习

教师可以在教学前，引导学生预习相关的慕课内容，让学生提前了解课程主题和相关概念。在课后，教师可以推荐学生回顾慕课视频，巩固和加深对所学知识的理解。

3. 课堂引导和讨论

教师可以在课堂上引导学生讨论慕课内容，分享他们对视频的理解和观点。教师可以提出问题，引发学生的思考和讨论，促进学生互动和知识交流。

4. 鼓励学生参与实践活动

高中音乐教学不仅仅局限于课堂内的理论学习，实践活动在音乐教育中也是非常重要的一部分。教师可以利用翻转课堂的模式，将理论知识的学习与实践活动相结合，鼓励学生积极参与音乐演奏、合唱、创作等实际操作。通过实践活动，学生可以更好地理解和应用所学的知识，提升音乐技能和表现能力。

5. 创造多样化的学习资源

翻转课堂教学需要丰富的学习资源支持，教师可以收集和整理各种多样化的音乐学习资源，包括音频、视频、文献、网络资源等，为学生提供更加灵活多样的学习材料。这样可以满足不同学生的学习需求和兴趣，激发学生的学习兴趣和创造力。

6. 建立学生互助学习机制

学生之间的互助学习是翻转课堂的重要组成部分，教师可以组织学生之间的小组讨论、合作项目等活动，鼓励学生相互交流和帮助。通过互助学习，学生可以共同解决问题、分享经验，加深对知识的理解和记忆，同时培养学生的合作精神和团队意识。

7.持续反思和改进

教师在实施翻转课堂教学模式时，要持续进行反思和改进。通过与学生的交流和观察，教师可以了解到学生的学习情况和反馈意见，及时调整和改进教学策略。同时，教师也可以参考其他教师的经验和教学资源，不断拓展自己的教学思路和方法。

总之，为了强化翻转课堂在高中音乐教学中的效果，教师需要抓住翻转课堂的关键，合理编制导学案，优化教学评价，完善信息化教学环境，鼓励学生参与实践活动，提供多样化的学习资源，建立学生互助学习机制，并持续反思和改进教学。

第三节 高中音乐综合课程的教学实施

综合性艺术教育的推行将有助于培养具有创新思维和跨学科能力的艺术人才，推动我国艺术教育的发展和提升。同时，它也有助于培养学生的综合素质，促进他们全面发展，为未来的艺术和文化事业作出贡献。

一、从古而今的综合乐舞教育

中国传统乐舞是一种综合的艺术形式，将舞蹈和音乐融合在一起。在中国传统文化中，舞蹈和音乐通常被视为一体的表演艺术形式。《礼记·乐记》将这种综合性的表演艺术称为"乐"，并将其视为最高级的艺术形式。古代著名的乐舞作品《大武》就包含了音乐、歌唱、舞蹈和戏剧表演等多种形式。

中国传统乐舞的思想影响一直延续至今，并且对舞蹈的学科分类也产生了影响。在中国古代，"乐"这个概念有两层含义：首先，只有将器乐、声乐、舞蹈等综合的表演能力称为"乐"；其次，当音乐具有了确切的内容后才能称之为"乐"。因此，当舞蹈表演者手持干戚羽旄参与音乐表演时，音乐才具有了确切的内容含义，才能被称之为"乐"。

通过将音乐、美术、戏剧和舞蹈等不同的艺术门类进行整合的这种综合性艺术教育注重于培养学生在艺术活动中的整合创新能力、开拓贯通能力和跨域转换能力等多种艺术能力，形成综合艺术能力的新的整合优势。这使得每位学生在基础教育阶段都能得到有限而全面的艺术能力发展。[①]

总之，综合性艺术教育的理念在中国艺术教育课程改革中起着重要作用。它承袭了中国传统乐舞的综合性艺术思想，并与世界艺术教育发展的趋势相契合，为学生提供了更丰富的艺术体验和发展机会。

二、高中音乐新课程的基本结构及综合性体现

（一）课程性质

普通高中音乐课程应体现人文性、审美性、实践性、时代性、基础性、选择性、思想性、关联性。这意味着音乐课程应该注重培养学生的人文素养和审美情趣，提供实践机会，紧跟时代发展，建立扎实的基础，满足学生的发展需求，思考和探索音乐与其他领域的联系。

（二）基本理念

新课程强调美育功能，提升学生的审美情趣；注重音乐实践，激发学生的创造潜能；深化情感体验，突出音乐特点；弘扬民族音乐，培养学生对多元文化的理解；提供丰富的课程选择，满足学生的发展需求；立足核心素养，完善评价机制。

（三）课程目标

课程目标根据音乐学科核心素养提出具体目标，包括提升学生的音乐审美感知能力、培养学生的艺术实践能力和自信心、培养学生的团队精神、培养学生的爱国主义情操和对世界各国文化的理解与尊重。

（四）内容标准

1. 必修课程

必修课程是高中音乐课程的核心内容，包括音乐鉴赏、音乐与戏剧、音乐与

---

① 赵云艳.高中音乐综合课程构想[J].课程教材教学研究（中教研究），2011(Z3):15-16.

舞蹈、歌唱、演奏和音乐创编。这些课程旨在培养学生对音乐的理解和欣赏能力，提升他们的演唱和演奏技巧，并激发他们的音乐创作潜力。通过这些必修课程，学生可以全面了解音乐的多样性和艺术表现力，拓宽自己的音乐视野。

2. 选择必修课程

选择必修课程提供了更多的选项，包括合唱、合奏、戏剧表演、舞蹈表演、音乐基础理论和视唱练耳。这些课程的设置旨在满足学生的个体需求和兴趣，让他们能够深入研究和发展自己感兴趣的音乐方向。学生可以选择参加合唱团或合奏团，培养团队合作和表演能力；他们也可以选择学习戏剧表演或舞蹈技巧，展示自己的艺术表达能力；此外，学习音乐基础理论和视唱练耳可以提升学生的音乐理论知识和音乐听觉能力。

3. 选修课程

选修课程由学校自行开设，学生可以根据个人兴趣和需求选择参加。这些选修课程可以进一步丰富和拓宽学生的音乐学习内容，其涵盖了更多的音乐领域和专题。学生可以选择学习特定乐器的演奏技巧，参与各类音乐比赛和演出，或者深入研究特定音乐风格或流派的历史和表现形式。

综上所述，高中音乐课程的内容标准为学生提供了多样化和丰富的学习内容和选择机会。通过必修课程的学习，学生能够获得音乐基础知识和技能，培养音乐欣赏和表演能力；而选择必修课程和选修课程的设置，则能够满足学生个体化的需求和兴趣，帮助他们在感兴趣的音乐领域深入学习和发展。通过这样的课程设置，高中音乐课程能够促进学生的综合素养和艺术修养的全面发展，培养他们的音乐才能和创造力，同时也为他们未来在音乐领域的发展奠定坚实的基础。

（五）模块化设计

新课程强调了高中音乐教学模块的设计。模块化设计丰富和完善了高中音乐课程的内容，使其更具综合性。通过多学科渗透的综合教学手段，丰富音乐课程的内容，提高学生的综合艺术素养。

综合性的艺术教育课程改革旨在促进不同艺术学科之间的交流与融合，培养学生的多元艺术素养。通过综合性的课程设计，学生可以从多个艺术学科中获得丰富的经验和知识，提高他们的综合能力和创造力。

三、高中音乐综合课程版块设计

高中音乐综合课程版块设计旨在通过将不同版块中的课程内容融合和重组，实现对学生的综合艺术教育。以下是高中音乐综合课程的版块设计和教学内容构建原则。

（一）版块设计

（1）西洋经典版块：包括西方经典音乐的学习和欣赏，涵盖器乐、歌唱、舞蹈、戏剧等内容。

（2）中国古典版块：着重学习和欣赏中国古典音乐，包括器乐、歌唱、舞蹈、戏剧等内容。

（3）民族风情版块：介绍和学习中国各民族音乐的特点和风情，包括器乐、歌唱、舞蹈、戏剧等内容。

（4）现代时尚版块：关注当代音乐风格和形式，包括器乐、歌唱、舞蹈、戏剧等内容。

每个版块可以分为初、中、高三个级别单元，从浅入深地设计内容，每个版块的学时为18学时，1学分。学生可以根据自己的兴趣和需求选择一个或多个版块进行学习。

（二）教学内容构建原则

遵循《普通高中音乐课程标准（2017年版2020年修订）》中的基本理念，强调美育功能、音乐实践、情感体验、民族音乐和多元文化的理解，丰富课程选择，完善评价机制。

紧密围绕高中音乐课程目标，关注学生的情感共鸣、技能掌握和参与实践，使学生能够全面发展和实现核心素养。

在内容选择上，注重各科目之间的联系和融会贯通，使其相互补充和拓展，提高学生的综合艺术表现能力和审美感知力。

通过综合性的课程设计和跨学科的教学内容，学生可以全面了解不同艺术门类的联系和综合性，培养他们的综合艺术素养和创造力。此外，综合实验剧场的设置对于高中音乐综合课程的实施具有重要意义。

在综合实验剧场中，学生可以与其他学生合作，通过合奏、合唱、舞蹈、戏剧等形式，展示他们的音乐才能和艺术表现。这种跨艺术门类的合作和表演可以促进不同艺术学科之间的交流与融合，培养学生的综合艺术素养。

综合实验剧场的设计可以根据每个版块的特点和内容进行规划，提供适合学生参与的艺术实践活动和演出机会。学生可以在实践中体验到音乐的魅力，增强自信心和团队合作精神。同时，这样的实践活动也可以促进学生对音乐和艺术的深入理解，增强他们对艺术的热爱和追求。

通过综合实验剧场的设置，高中音乐综合课程可以提供更加丰富和完整的艺术教育体验，帮助学生全面发展和提升他们的综合艺术能力。这种跨学科的综合教学方式不仅能够满足学生的深度需求，也能够培养学生的创造力、表达能力和审美情趣，为他们的艺术发展打下坚实的基础。

第四节 新课标下的高中音乐模块教学探究与实施

一、新课标下的高中音乐模块教学的内涵与价值

新课标下的高中音乐模块教学探究与实施是当前普通高中课程改革的关键问题之一。在新课程标准中，模块教学是一个新的概念，对于模块和学习单元之间的关系，课程标准没有明确的定义和表述。

模块是指学科内部按照一定的逻辑线索分成的教学单元，而不是简单地将学科内容进行机械切割。每个模块既具有相对独立性，又能反映学科内部的逻辑联系。此外，模块教学具有灵活性，可以根据实际需要进行不同模块的组合和调整。模块教学还注重学生的实践能力培养，使学生通过实践掌握知识和技能。

在新课程标准中，模块构成了完整的学习单元。一个单元是一个相对独立和完整的教学过程，由若干节课组成。单元具有独立性、整体性、连续性和阶段性。单元以课为基础形成一个有机整体，能够连续地展开，并且具有同类功能的知识点或能力项目可以组合成一个单元。

模块教学的实施需要促进学科整合和学校教育与社会生活的联系。必修模块和选修模块旨在提高学生的科学素养和个性发展，必修模块为学生提供基础知识，选修模块则满足学生的不同需求。

模块教学通过将学科知识整合到不同的模块中，帮助学生理解知识之间的联系和综合运用。例如，在一个主题模块中，学生可以学习数学、科学、语言艺术等多个学科的知识，并将其应用于解决一个综合性问题。这种学科整合有助于培养学生跨学科思维和解决问题的能力。

此外，模块教学还可以促进学校教育与社会生活的联系。通过引入来自社会实践和职业领域的案例，学生可以了解学习内容在现实生活中的应用和意义。他们可以参与实践活动、进行社区服务或与专家进行合作，以增强他们的社会参与意识和实践能力。

模块教学的目标是培养学生的综合素养、实践能力和社会责任感。它鼓励学生主动学习、合作探究和创新思维。通过将学校教育与社会联系起来，模块教学可以帮助学生更好地应对未来的挑战和需求，为他们的职业发展和社会参与做好准备。

二、新课标下高中"音乐与戏剧"模块教学实践

（一）"音乐与戏剧"模块相关概述

1.《普通高中音乐课程标准》对"音乐与戏剧"模块的解读

目前所用到的实施指导性文件为《普通高中音乐课程标准（2017年版2020年修订）》对于"音乐与戏剧"模块的解读如下。

在修订过程中，课程标准强调了学生的综合能力和核心素养的培养，转变了传统的以知识为中心的教学模式，注重学生的个性化发展。该标准将音乐与戏剧模块作为六个必修模块之一，并将戏剧表演放到了选择性必修模块中。这个模块旨在提高学生的综合能力，包括对戏剧作品和戏剧表演的赏析体验和实践创编。它具有基础性和普遍性，能够满足学生的学科素养和兴趣发展的需求。

在学时设置上，该模块的学时由原来的36学时改为18+18学时，学生可以选择两门感兴趣的必修课程进行学习，也可以选择一门必修课程学习共修满36

学时。这样的设置给予学生更多选择的空间，满足学生的兴趣和学习需求。同时，学校可以根据教师和教学资源情况更灵活地开设必修模块。

在模块内容上，对不同戏剧类型的音乐学习要求进行了调整。对于戏剧音乐，学习要求从"认识"改为"认知"，实践要求从"有表情地演唱"改为"学唱"，戏剧作品赏析要求从"评价"转变为"简要评价"。这样的调整降低了知识技能学习的难度，减少了内容过多过繁的缺点，更好地从学生的角度出发，符合我国高中音乐教学的实际情况。

《普通高中音乐课程标准》对"音乐与戏剧"模块的解读明确了该模块的教学内容和目标。它强调了音乐教育的美育功能，注重学生的实践和表现能力的培养，重视音乐的情感体验和文化理解，推动多元文化的交流与理解。此外，核心素养的概念贯穿整个标准，强调培养全面发展的人，提出审美感知、艺术表现和文化理解三个方面的目标，为音乐教学提供了明确的实践目标。通过学习音乐与戏剧模块，学生能够发展综合能力，提升审美感知、艺术表现和文化理解等核心素养。

此外，《普通高中音乐课程标准》还对音乐与戏剧模块的学时设置和教学内容进行了调整。学生可以选择两门有兴趣的必修课进行学习，或者选择一门必修课程学习，增加了学生的选择空间。教学内容方面，对不同戏剧类型的音乐的学习要求也有所调整，更加注重学生的实践和表现能力的培养。

总之，通过对《普通高中音乐课程标准》中关于音乐与戏剧模块的解读，可以看出该模块的教学内容和目标明确，注重培养学生的综合能力和核心素养，强调美育功能、实践能力和文化理解，促进多元文化的交流与理解。这样的教学标准为音乐教育提供了指导，使学生能够全面发展并深入理解音乐与戏剧的艺术魅力。

2.《音乐与戏剧》模块教材分析

教材《音乐与戏剧》由赵季平和莫蕴慧编写，由人民音乐出版社出版，发表于2021年。教材中的模块内容总体分为四个部分：走进戏剧、戏曲、歌剧和音乐剧。其中，走进戏剧是该模块的第一单元，包括两节课。第一节是关于戏剧的欣赏与认知，旨在让学生对戏剧的概念、特点和形式有一个基本的了解。第二节是关于戏剧中的音乐，初步介绍了戏剧中音乐的相关知识，为后续学习戏剧打下基础。

（1）中国戏曲

戏曲艺术在我们的日常生活中虽然非常常见，但受到了大众潮流音乐的影响，导致戏曲艺术没有得到足够的关注，尤其是未得到来自年轻人的关注。然而，该教材中的模块对于我国戏曲文化艺术的传承起着重要作用。戏曲艺术是我国独有的传统戏剧形式，通过唱念做打等表现形式展现出独特的魅力，融合了音乐、舞蹈、武术、杂技、歌唱和文学等多种艺术元素，它是我国的艺术瑰宝。经过一代又一代艺术家的磨练与传承，戏曲诞生了许多经典作品和剧本，并逐渐形成了上百种各具特色的戏曲种类。清朝时期，戏曲艺术发展到了鼎盛时期。我国传统戏曲艺术无不体现了中国历史文化和美学思想，在千百年的发展中深受人民群众的喜爱，也在世界戏剧艺术中展现出辉煌的成就。

在教材中，戏曲模块除了包括戏曲常识的内容外，还涵盖了中国戏曲代表性剧种和地方代表性剧种。这些内容位于教材的第三单元，主要包括昆曲音乐和京剧音乐。昆曲是中国汉族传统戏曲中最古老的声腔系统和剧种，具有文人音乐的特点。通过欣赏昆曲作品，学生可以了解昆曲的基本演唱方式以及在演唱中所使用的伴奏乐器，并对昆曲乐谱和演唱理论有初步的认识。本单元学习的昆曲经典剧目《袅晴丝吹来闲庭院》是明代汤显祖的《牡丹亭》中的选段，描写了杜丽娘游园时因礼教束缚而既希望又害怕让他人看见自己美貌的矛盾心情，具有反封建礼教的色彩。

京剧是我国最主要、最具代表性的剧种之一，也是戏曲学习与鉴赏中必不可少的一部分。教材中的戏曲模块涵盖了传统京剧和京剧现代戏的鉴赏内容。通过学习和鉴赏京剧，学生可以了解京剧的基本唱腔和著名演员。该部分的经典京剧戏曲选段《我正在城楼观山景》选自历史故事《三国演义》，其中的唱段腔调采用了西皮二六，生动地表现了诸葛亮的人物性格。

通过这些学习内容，学生可以更好地了解和欣赏我国传统戏曲艺术，感受其独特的艺术魅力，并为戏曲文化的传承和发展作出贡献。

教材中的《音乐与戏剧》模块第四单元涵盖了中国戏曲代表性的地方剧种。中国的地域广阔，每个地区都有自己独特的生活方式和文化，因此也孕育出各具特色的地方戏剧剧种。据统计，中国各地区的戏剧剧种超过360种，拥有成千上万个传统剧目。教材选择了一些代表性的地方剧种和经典作品作为教学内容，并按照地区进行分类，共分为七个教学内容。

这一单元的学习内容对于了解中国地方性剧种以及传承中国优秀戏曲文化具有重要意义。通过学习这些地方剧种，学生可以更深入地了解我国各地的戏剧表演艺术特色，增加对中国传统戏曲文化的认知和欣赏能力。这也有助于促进地方戏曲的传承和发展，保护和弘扬中国丰富多样的戏曲艺术遗产。

（2）歌剧

歌剧是一种以歌唱为主的戏剧形式，结合了诗歌、音乐、舞蹈和美术等多种艺术形式，是一种综合性的艺术表达形式。歌剧起源于西方，于16世纪在意大利诞生，随后逐渐传播到欧洲其他地区，并形成了各具特色的不同地方、风格和类型的歌剧作品。这些多样化的歌剧作品为学生们了解西方历史文化、拓宽视野以及培养艺术审美提供了重要的媒介。

中国的歌剧发展始于五四新文化运动，在借鉴西方歌剧的同时，吸收了中国民族民间文化、时代精神和中国戏曲的元素，创作出了许多具有中华民族特色的中国歌剧作品，满足了人们对艺术的精神追求。教材中的歌剧部分涵盖了中国歌剧的发展历史以及经典代表剧目的学习。中国歌剧是在近代历史背景下形成的一种新的戏曲音乐形式，其发展与推广普通话和音乐教育、革命斗争等紧密相关。中国歌剧经历了探索、奠基和繁荣三个阶段。从黎锦晖的儿童歌舞剧开始，到以新秧歌运动为起点创作了《兄妹开荒》和《夫妻识字》等一系列秧歌剧作品，为后来的《白毛女》等歌剧作品的创作奠定了基础。《白毛女》的诞生标志着中国歌剧的形成，并具有重要意义。在歌剧的初步繁荣阶段，中国歌剧大胆创新，吸收西方歌剧的创作手法，并融合中国传统戏曲的精华，创作出了《洪湖赤卫队》《江姐》《红珊瑚》等至今流传的经典作品。

改革开放以后，中国歌剧呈现出多元化的发展趋势，特别是21世纪以来，中国歌剧的发展迅速，风格和类型呈现出多样化的趋势。新创作和改编作品层出不穷，涵盖了各个历史时期和不同题材的内容。中国歌剧的创作不仅继承了传统的艺术特色，还积极探索创新，融入了现代舞台艺术的元素，注重情感表达和现实主题的探讨。同时，中国歌剧也在国际舞台上展现出了巨大的影响力，吸引了越来越多的观众和艺术家的关注。

教材中的歌剧内容为学生提供了学习中国歌剧发展历史和经典代表作品的机会，有助于学生了解中国歌剧的特点、演唱技巧和艺术魅力。通过学习歌剧，学生们可以拓宽视野，培养对音乐和戏剧的欣赏能力，同时也能够深入了解中国优秀的戏剧文化和艺术传统，对中华文化的传承和发展起到重要的作用。

教材中的欧洲歌剧部分旨在学习欧洲歌剧的发展历史和基本知识。它介绍了欧洲歌剧在近现代的发展，包括不同的流派和体裁。在19世纪，各国形成了具有民族特色的民族流派，如俄罗斯、匈牙利和捷克等。

这些民族流派的发展与当时的民族解放运动和本土艺术潮流息息相关。此外，喜歌剧和轻歌剧是19世纪兴起的新型歌剧体裁，相较于传统的大型歌剧，它们的规模较小，风格轻松、浪漫、诙谐活泼。喜歌剧和轻歌剧常常融入了幽默的情节和欢快的音乐，给观众带来愉悦轻松的艺术体验。

通过学习欧洲歌剧的发展历史和基本知识，学生们可以了解欧洲不同国家和地区的歌剧风格及其特点，从而开阔自己的艺术视野。同时，通过对欧洲歌剧的学习，他们也能够了解不同文化背景下的艺术创作与时代背景之间的联系，深化对艺术与历史的理解。

（3）音乐剧

音乐剧起源于19世纪末的英国，它是喜剧色彩浓厚的综合艺术形式，融合了对白和演唱。早期称为音乐戏剧，后来发展成为广泛流传的艺术形式。在全球范围内都有上演，其中英国伦敦西区和美国百老汇是最为频繁演出的地区。百老汇音乐剧成为一种特定风格的音乐剧，并涵盖了许多经典作品。

中国的音乐剧与华夏乐舞有着深厚的渊源，经历了历代历朝的发展和演变。现代音乐剧的发展起源于20世纪20年代黎锦晖的儿童歌舞剧，旨在普及音乐教育和普通话，例如《小小画家》等作品。改革开放以后，中国的音乐剧迅速发展，诞生了许多融合中国历史和社会生活的经典作品，如20世纪80年代的《芳草心》和20世纪90年代的《中国蝴蝶》。21世纪以后，中国音乐剧的风格更加多样化，涵盖了城市音乐剧、民间音乐剧和戏曲音乐剧等不同类型。演出场所也有大小不同的剧场。一些著名的中国音乐剧作品包括《文成公主》《你是我的孤独》《小河淌水》《贵妇还乡》等。

教材中的外国音乐剧部分主要学习西方音乐剧的起源和发展，通过学习经典作品来了解音乐剧的艺术特点。西方音乐剧起初是在游唱剧、轻歌舞剧和滑稽歌舞剧的基础上逐渐形成的，用于表现社会生活的方方面面，例如游唱剧描绘殖民地种植园的生活，轻歌剧则展现乡村歌舞的娱乐性质。《演艺船》是美国音乐剧中的第一部经典之作，讲述了船上流浪艺人的艰苦生活。音乐剧融合了歌剧、舞剧和话剧的艺术特点，通过歌唱、器乐、肢体语言、对白和台词等多种表现形式来展示剧情。西方现代音乐剧在表演形式、唱法和乐队运用上更加自由灵活，根据戏剧内容的需要进行调整，风格上具有现实与幻想的色彩。一些代表作品包括安德鲁·劳埃德·韦伯的《歌剧魅影》和《猫》，克劳德·米歇尔·勋伯格的《悲惨世界》和《西贡小姐》等。

总之，在学习和欣赏音乐剧的过程中，不仅可以了解音乐剧本身的艺术特点，还可以通过音乐剧反映的历史和生活潮流来深入了解中外近现代的文化。

（二）"音乐与戏剧"模块教学实践

在教学实践中，由于时间和资源的限制，无法完全覆盖"音乐与戏剧"模块的所有内容。因此，在选择课堂内容时，需要更加注重经典作品的选择，同时也要关注教学内容的多元化，以达到理想的教学效果。在本节中，选择了两个案例进行分析和总结，分别是欧洲歌剧《图兰朵》的选曲和中国京剧《空城计》的选段。

欧洲歌剧《图兰朵》是法国作曲家普契尼的经典作品，也是歌剧史上的杰作之一。在教学中，选择《图兰朵》的选曲可以引导学生了解欧洲歌剧的发展历史和基本常识，介绍该歌剧的创作背景、剧情梗概、主要角色和著名的选曲片段，如《花之歌》和《断头台前的离别》等。通过学习和欣赏这些选曲，学生可以感受到欧洲歌剧的音乐魅力和戏剧张力，进一步培养他们对歌剧艺术的兴趣和欣赏能力。

而国粹京剧是中国传统戏曲中的瑰宝，京剧《空城计》则是京剧剧目中的经典之作。选择《空城计》的选段可以让学生接触到中国传统艺术形式中的精髓，了解京剧的表演特点和唱腔技巧。可以选择该剧中的精彩片段，如程派的念白《我正在城楼观山景》或唱腔《千里江山图》等，通过欣赏和分析这些选段，学生可以领略到京剧的独特美学和艺术魅力，进一步培养对中国传统戏曲的热爱和理解。

通过选择这两个经典作品进行分析和总结，可以在有限的时间内涵盖欧洲歌剧和中国京剧两个不同文化背景下的音乐与戏剧。这样的选择能够激发学生的兴趣，提高他们对音乐剧和戏剧艺术的理解和欣赏能力，同时也为他们开阔了视野，增加了对不同文化形式的了解。

1. 课例一：今夜无人入睡——歌剧《图兰朵》选曲

（1）教材分析

在人民音乐出版社的《音乐与戏剧》教材中，第六单元是欧洲歌剧作品鉴赏，而本课于教材的第十八节。本课的目标是通过学习歌剧《图兰朵》，了解欧洲歌剧及其表现形式，探究歌剧的常识、演唱方式、管弦乐队以及歌剧的音乐结构。《图兰朵》是普契尼根据中国故事创作的歌剧，其中江苏民歌《茉莉花》贯穿了整个剧情。普契尼善于运用东方元素，在该作品中运用了许多中国元素，包括题材、音乐、唱词、角色和服饰等，使作品展现出鲜明的中国风格。通过学习和扩展，本课旨在了解歌剧的基本知识，增强学生的文化自信，并比较东方和西方文化。

（2）教学目标

本课的教学目标是引导学生通过聆听和欣赏《今夜无人入睡》以及《图兰朵》的音频和视频，感受《今夜无人入睡》在该歌剧中的重要地位和丰富的艺术表现力，并初步了解咏叹调和宣叙调的基本概念；通过演唱《今夜无人入睡》，能够基本记忆主题旋律，并尝试通过对作品的理解结合生活进行简单的戏剧创作；通过自主学习和教师讲解，了解作曲家与歌剧艺术相关的知识，初步探究普契尼对中国故事的创作理念，体会东方元素与意大利歌剧相结合的魅力。

（3）教学重难点

教学重点：分析《今夜无人入睡》，通过演唱亲身感受咏叹调的特点以及该歌曲在歌剧《图兰朵》中的作用。

教学难点：引导学生分析《今夜无人入睡》的情感发展并以恰当的情绪演唱歌曲，认识歌曲的艺术价值。

（4）导入环节分析

导入是一堂课的起始环节，很大程度上决定着一堂课能否成功，教师需要在3分钟以内把学生引入到本课主体内容的学习中。考虑到学生对欧洲歌剧了解较少，教师采用激趣法来导入，利用歌剧《图兰朵》中公主提出的三个谜语进行引入,让学生参与猜谜游戏,提前融入歌剧情节中。学生可以自由猜测答案,教师留下答案在下一个环节中揭晓。通过这个引入方式,可以激发学生的兴趣和好奇心,成功引出与歌剧相关的内容。

(5)主课讲解分析

本课采用故事串联法,让学生身临其境地融入歌剧的故事情境中。为了更深入了解《今夜无人入睡》的音乐美感和人文内涵,首先需要对《今夜无人入睡》的背景和故事情节有基本的了解。教师可以将歌剧《图兰朵》中的猜谜片段制作成短视频,将这一部分与导入环节相连接。学生通过自主观察找出导入部分的谜底,同时在视频的鉴赏与聆听中初步体验音乐,从音乐中感受故事情节的发展。通过串联故事情节,引出歌曲《今夜无人入睡》。

《今夜无人入睡》是一首带有宣叙调色彩的咏叹调作品,它基于高中学生的学情,对听赏技能以及音乐分析都提出了更高的要求。在学生首次聆听前,教师会提出一些有效的问题,这些问题既不能过于简单,也不能超过学生的听赏水平。这样可以引导学生在聆听时带着问题,促使他们更加专注。在给学生聆听歌曲前,教师会引导学生注意歌曲《今夜无人入睡》的演唱方法,并根据音乐变化观察歌曲分为几个部分。在聆听后,教师通过提问的方式了解学生的聆听感受和观察情况。考虑到有些学生可能是第一次接触歌剧,教师会运用引导的方式来帮助学生理解和分析歌曲中的音乐要素,如旋律、节奏、和声等,并引导学生尝试用自己的话语描述歌曲的音乐特点和情感表达。

(6)互动学习环节分析

为了进一步加深学生对《今夜无人入睡》的理解和欣赏,教师可以设计一些互动学习活动。例如,可以让学生小组合作,分析歌曲的歌词和情感表达,讨论歌曲中所描绘的人物形象和故事情节以及与自己的生活经验和情感有何联系。学生也可以进行创作活动,例如写一篇关于歌曲表达的感受或者创作一幅插画来呈现歌曲的氛围。这样的互动学习环节可以激发学生的创造力和思维能力,同时加深他们对歌剧的理解和欣赏。

(7)总结回顾分析

在本课的总结回顾环节,教师可以通过让学生回答问题、讨论或者表演等方式来检查学生对本课内容的掌握情况。教师可以提出一些关键问题,帮助学生将所学内容进行总结,并对学生的表现给予积极评价。同时,教师还可以展示一些与歌剧相关的视频片段、音乐欣赏或者歌剧演出的信息,激发学生对歌剧的进一步探索和兴趣。

2. 课例二:我正在城楼观山景——京剧《空城计》选段

(1) 教材分析

《我正在城楼观山景》是人民音乐出版社"音乐与戏剧"模块中的第三单元。本课旨在提高学生对京剧的欣赏能力,了解京剧的演唱风格、传统唱腔、著名演员以及现代京剧。《我正在城楼观山景》选自传统京剧《空城计》,故事取材自《三国演义》的第95回。故事讲述魏国司马懿率兵攻进西城,却发现城中无兵无将。诸葛亮急中生智,在城楼中饮酒抚琴,并命令老兵打开城门清扫街道,制造空城的假象,使敌人撤退。

(2) 教学目标

本课的教学目标和重点根据音乐学科核心素养中的审美感知、艺术表现和文化理解三个方面设定,目标如下:通过引导聆听和欣赏京剧唱段《我正在城楼观山景》,激发学生对京剧的兴趣,了解唱段的历史文化背景;通过模仿的方式,引导学生演唱唱段的一部分,深入感受和欣赏传统京剧的魅力;引导学生欣赏和实践中,了解京剧的基本唱腔和相关知识,树立保护和传承中国优秀传统文化的意识。

(3) 教学重难点

教学重点:通过欣赏和实践表演,感受京剧的魅力和特点,树立传承中国优秀传统文化的意识。

教学难点:学生在模仿演唱的过程中,把握京剧唱腔的韵味和该唱段的艺术特点。

(4) 导入环节分析

为了激发学生对京剧的兴趣,在导入环节中,教师身穿京剧服装,演唱京剧《红灯记》中的选段《都有一颗红亮的心》,营造良好的课堂氛围。演唱结束后,教师进行引导和提问,例如:刚才演唱的片段属于哪种戏剧形式?由于高中阶段的学生在义务教育阶段已经积累了一定的音乐知识,大多数学生能够迅速回答该片段属于京剧。教师进一步介绍选定的京剧唱段《我正在城楼观山景》。

第五章　铸造"三力"课堂：学习有动力、课堂有活力、师生有能力

（5）主要课堂讲解分析

主要课堂讲解分析主要通过聆听和欣赏的过程来整合京剧知识。初始聆听通过视频和音频的方式直观呈现教学内容。在聆听之前，教师引导学生观察剧中的历史故事背景。在聆听和思考之后，教师与学生进行相互交流，分享所观察到的作品中的历史故事。提出问题往往比给出答案更重要。教师鼓励并引导学生大胆提问，并提供解释性答案。这样可以让学生通过"观察—欣赏—提问—假设—推理—验证"等过程进行探索和实践。分享之后，进行了更深层次的聆听和欣赏。在第二次聆听中，要求学生根据对故事背景的理解来欣赏唱段。他们还要感受到节奏、旋律和情感的变化。

通过第二次聆听，学生被要求根据对故事背景的理解来欣赏唱段。他们还要感受到节奏、旋律和情感的变化。教师可以引导学生注意唱段中的不同乐器演奏和声腔的运用，演唱者的表演技巧和情感表达。通过分析这些元素，学生可以更深入地理解京剧的表现特点和美学魅力。

在主要课堂讲解中，教师还可以引导学生进行模仿和表演唱段的一部分，以加深学生对京剧的体验和欣赏。教师可以演示正确的唱腔和表演姿势，并指导学生逐步学习和练习。这样，学生能够亲身感受到京剧的独特魅力，从而培养对中华优秀传统文化的保护和传承意识。

（6）实践环节分析

本课程注重通过表演实践来让学生亲身体验京剧的魅力，感受京剧西皮二六的旋律和节奏变化，并将戏剧表演与生活联系起来。通过阅读文献和课堂实践观察，能够发现在中国戏剧教学中，更多地采用了模仿西方的教学方法和模式。虽然在一定程度上取得了良好的教学效果，但也存在着生搬硬套的问题。而中国戏曲在历史的传承与发展中，依赖于教师的言传身教和学生的模仿，数百年来形成了系统的教学经验。相比西方的教学模式，采用模仿的方式或许更适合我国的戏曲教学。通过模仿的方式学习戏曲，可以通过学习戏曲来了解戏剧，虽然不如西方戏剧教学那样具有创造性，但更适合广大学生。因此，在表演实践环节中，主要采用了模仿的方式进行教学。由于学生在日常生活中较少接触戏曲，所以只选取了《我正在城楼观山景》中的前两句进行学习。在演唱教学中，任何干扰学生愉悦心情的事物都会破坏学生对歌词的理解，因此教师应该为学生营造一个心情

愉悦的教学氛围,相信学生的感受,他们会根据自己的体验表达自己的心声。因此,为了照顾到所有学生的参与和演唱,维护学生对京剧学习的兴趣,可以适当降低演唱的难度,鼓励每个学生都开口演唱,在表演中感受京剧的韵味,并通过同学之间和师生之间的合作,加深学生的情感体验。

(7)拓展环节分析

通过本课的学习,学生对京剧的基本知识以及《我正在城楼观山景》的唱腔和韵味有了基本的了解和体验。在拓展环节中,可以介绍京剧四大名旦,并对其演唱风格和扮演角色进行简要介绍。通过这个拓展环节,学生可以进一步了解京剧的多样性和发展,了解现代戏曲的创新与传统的延续。同时,通过对比传统和现代,学生可以更深入地思考戏曲在当代社会的意义和价值,培养对中国传统戏曲文化的珍视和传承意识。

在拓展环节中,可以引导学生探索京剧的表演风格和艺术特点,并介绍四大名旦(梅兰芳、尚小云、荀慧生、程砚秋)及其在京剧演唱中的独特扮演风格。通过对名旦的介绍,学生可以进一步了解京剧演唱的技巧和风格,加深对京剧表演艺术的欣赏和理解。

此外,通过介绍京剧现代戏《智虎取威山》,可以让学生了解到京剧在当代的创新和演变。对比传统京剧和现代戏的相同和不同之处,可以引发学生对戏曲文化的思考和讨论。学生可以思考现代戏如何在保留传统元素的基础上与时俱进,以及如何传承和发展中国优秀传统戏曲文化。

通过实践和拓展环节的设计,学生不仅能够在听觉上感受到京剧的音乐韵律和表演特点,还能通过参与表演和对比分析的方式加深对京剧文化的理解和体验。这样的教学方式能够激发学生的兴趣,提高他们对中华优秀传统文化的认知和传承意识。同时,学生还可以通过合作与交流的过程,培养团队合作和表达能力,加深对戏曲文化的情感体验和人文关怀。

通过这样的教学过程,希望学生能够真正欣赏和理解京剧的艺术魅力,感受戏曲文化的深厚底蕴,进一步传承和弘扬中国优秀传统戏曲文化。

第六章 实践创新：高中音乐教育的创新素养与实践能力培养

第一节 学生创新精神和实践能力培养的意义

一、高中生创新精神的特点

（一）普遍性

创新能力是每个人与生俱来的，人类大脑蕴藏着巨大的创新潜能。高中生具备着发挥创新能力的潜力，只需要进行开发和培养。

（二）主体性

高中生是创新活动的主体，他们可以按照自己的计划和兴趣进行创新活动。在意识、情意、思维和个性等方面，高中生具有较强的意志力、韧性、想象力和挑战性，同时也具备自主性的特点。

（三）现实性

相比初中生和小学生的创新精神，高中生的创新精神更具现实性。他们在创新活动中更加注重与现实生活、生产和社会需求的联系。他们在确立创新目标和选择创新内容时更加关注解决实际问题和克服困难。

（四）差异性

高中生的创新精神发展具有一定的共性和规律性，但也表现出人与人之间的个体差异。由于每个人都具有主观能动性，拥有自己的个性、爱好和特长，因此不同的高中生在创新精神的程度和表现上会有所不同。

总体而言，创新精神是高中生在创新活动中表现出的勇于探索、追求卓越、克服困难、自主创新的心理特征。它是高中生发挥创新潜能、提高创新能力的关键要素。

二、实践能力的含义和类别

（一）实践能力的含义

实践能力是指个体在实践活动中完成特定任务的水平和可能性，它是通过将科学文化知识转化为实际行动，在各个方面进行展示和运用的一种能力。

（二）实践能力的分类

1. 动手操作能力

指通过用手按照一定程序和技术要求进行活动的能力。它包括操纵使用工具能力（如使用电脑、仪器设备）、加工制作产品能力（如剪纸、制作模型）和科学实验研究能力（通过实验操作理解和验证理论观点）。

2. 职业活动实践能力

不同职业领域的实践能力要求不同，但都是人们在职业活动中必不可少的能力。学校培养学生的目标之一就是提高他们的职业活动实践能力，以满足社会的需求。

3. 人际交往实践能力

社会由人与人组成，人际交往能力成为个人适应社会生活、学习发展以及建立人际关系的重要能力。它包括表达能力、合作能力、沟通能力、组织管理能力等。

这些不同类别的实践能力在个体的全面发展和社会参与中起着重要的作用。通过实践活动的训练和培养，个体可以不断提高实践能力，更好地应对各种实际问题和挑战。

三、高中生创新精神和实践能力培养的意义

（一）适应知识经济时代对人才的需求

知识经济时代要求人才具备创新能力，能够创造和运用知识。培养高中生的

创新精神和实践能力，使他们能够适应知识经济的发展需求，成为具有创新能力的创造型人才。

（二）提升国家的核心竞争力

高素质的创新型人才是实现自主创新和建设创新型国家的重要支持。培养具备创新精神和实践能力的高中生，有助于提升国家的核心竞争力，推动经济社会的发展。

（三）符合各国教育改革的趋势

现如今，在全球范围内，创新型教育已成为教育改革的主要趋势。各国都将培养创新型人才作为教育发展的重要方向。培养高中生的创新精神和实践能力，符合国际教育改革的趋势，有助于提升教育质量和国际竞争力。

（四）促进个体全面发展

培养高中生的创新精神和实践能力，不仅可以提高他们的知识水平和技能，还可以培养他们的创造力、解决问题的能力和团队合作精神。这有助于个体全面发展，提高其在学业、职业和社会生活中的竞争力。

综上所述，高中生创新精神和实践能力的培养对适应知识经济时代、提升国家竞争力、符合教育改革趋势以及促进个体全面发展都具有重要意义。因此，教育机构和家庭应共同努力，为高中生提供创新教育和实践机会，培养他们的创新能力和实践能力。

第二节 影响学生创新精神和实践能力培养的因素

一、学校重视程度较低

学校对高中生创新实践能力的培养缺乏足够的重视，认识不到位，存在着对创新能力培养的偏见和刻板印象。此外，学校缺乏稳定的师资队伍和相应的激励机制，这也限制了创新实践教育的有效开展。

二、教师缺乏创新素质、创新精神

教师队伍的创新实践能力和素质对于学生的培养至关重要。然而，目前教师自身的创新实践素质较低，缺乏创新精神和创新观念。教师在课堂上仍然采用传统的灌输式教学方法，未能有效激发学生的创新思维和动机。

三、学生创新实践能力培养意识较差

部分学生对自身的创新实践能力缺乏自信，对创新实践能力的重视程度较低。他们过于关注专业知识的学习，缺乏创新思维和实践的意识。同时，部分学生参与创新实践活动的机会有限，参与频率较低，这限制了他们的实践能力的培养。

综上所述，学校重视程度低、教师缺乏创新素质和学生自身意识较差是影响学生创新精神和实践能力培养的主要因素。为了提高学生的创新实践能力，需要学校加强对创新实践教育的重视，建设稳定的师资队伍，营造激励机制；同时，教师应提升自身的创新素质和创新精神，引导学生积极参与创新实践活动，培养他们的创新意识和能力。此外，还需要加强学生对创新实践能力的认知和重视，增加他们的实践机会，让他们在实践中不断锻炼和提升自己的能力。

第三节 学生创新精神与实践能力培养的有效策略

一、优化课堂教学过程

实现培养高中生创新精神和实践能力目标离不开教学这个主渠道。课堂教学过程则是一个多方面、多层次、多种因素组成的一个完整而复杂的过程，构建平等、和谐、民主的课堂教学环境是培养高中生创新精神和实践能力的前提。

（一）优化教学目标

实践创新教育可以优化教学目标，使其更符合学生的学习需求和现实社会的要求。以下是一些方法和策略，可以帮助实现这一目标。

1.引入实践性任务

将学生置身于实际问题和情境中，让他们通过实践解决问题和应用知识。例如，组织学生参与音乐创作、演奏、音乐会策划等实际项目，让他们亲身体验音乐的创作和表演过程。

2. 鼓励合作学习

促进学生之间的合作和协作，让他们共同探索、讨论和解决问题。通过小组合作或团队项目，学生可以相互学习、分享经验，并培养团队合作和沟通能力。

3. 提供多元评价方式

除了传统的考试和测验，还可以采用更多样化的评价方式，如学科展示、作品展示、实际演出等。这样可以更全面地评估学生的音乐能力和创造力，鼓励他们多样化的表达方式。

4. 整合科技工具

利用科技工具和在线资源，拓展学生的学习空间和资源。例如，使用音乐创作软件、音频录制设备、在线教育平台等，让学生能够更灵活地学习和实践音乐。

5. 培养创新思维

鼓励学生思考和提出新的音乐观点、创意和解决方案。通过激发学生的创造力和想象力，培养他们的创新思维和表达能力。

通过实践创新教育，教学目标可以更加贴近学生的实际需求和现实社会的要求，培养学生的实际操作能力、创造力和创新意识，使他们在音乐学习中能够真正掌握知识，将其应用于实际情境中，并为未来的发展做好准备。

（二）优化教学组织形式

创新教育的主体是学生，教学组织形式的优化，应突出学生的主体性，素质教育的一个重要目标就是要让学生主动学习。

（三）优化教学方法

计算机技术为教学提供了丰富的资源和多样的教学策略，能够激活学生的思维，创设理想的学习环境，并提高学生的学习效果和动力。然而，教师的引导和教学设计仍然是至关重要的，以确保计算机技术在教学中发挥最佳的作用。即整合好现代媒体技术与教学，是优化教学方法的重要内容。

此外，要注意探究性学习与接受性学习的融合。探究性学习能够最大程度地提高学生的参与度，培养学生创新意识和实践能力。通过这样的教学方法，学生不仅能够积极参与学习，培养独立思考和解决问题的能力，还能够建立坚实的基础知识。同时，教师的角色也会发生变化，他们不再是纯粹的知识传授者，而是变成学生的引导者和支持者，给予他们适当的指导和反馈。这样的教学方式能够让学生更好地理解和掌握知识，提高学习效果。

（四）完善教学功能

为了让每个学生都有机会发展创新能力，教育者需要完善教学方法，让课堂成为一个多功能的空间。课堂教学不仅仅是传授知识和培养智力，还应该培养学生的审美意识、文化修养和心理健康。

在传统教学中，存在一些问题，例如，过于注重灌输知识、强调理性训练，而忽视了学生的个体差异和全面发展的和谐性。应该意识到每个学生都是独特的，尊重他们的差异性，采用针对不同学生的教学方法，促进他们个性化的发展，让每个人都能取得差异化的成功。

教学应该不仅注重学生的智育发展，还要关注美育、文化教育和心理教育。教育者应该通过教学激发学生的创造力和想象力，培养他们的审美意识和艺术修养。同时，也要传授文化知识和价值观，引导学生思考社会和伦理问题，培养他们的社会责任感和全球视野。此外，要关注学生的心理健康和个性发展，创造积极和谐的学习环境，帮助他们管理情绪，建立良好的人际关系。

通过关注这些方面，可以更好地适应学生的多样性，让每个学生都有机会展示自己的才能和潜力。这样的教学方式将使课堂成为一个充满活力和创新的空间，每个学生都可以在这里实现自己的发展目标。

（五）优化教育教学评价

第一，转变考试评价。（1）传统的期中考试通常在学期中进行，涵盖了一段时间内的学习内容。而用单元过关测验代替期中考试，可以将学期内容划分为更小的单元，在每个单元结束时进行测验，以评估学生对该单元的掌握程度。这种方式能够更准确地了解学生在不同学习阶段的学习成果。（2）期末考试通常被赋予较高的权重，对学生的学期总成绩影响较大。通过适当降低期末考试成绩在学期总成绩中的权重,可以减轻学生在最后一段时间的压力,让学生更加关注整个学期的学习过程和成果,而不仅仅是应试。(3)增加随堂小测验的频度:随堂小测验是在课堂上进行的短时间、小范围的测验,可以及时检测学生对当堂所学知识的理解和掌握情况。增加随堂小测验的频度有助于及时发现学生的学习困难,并及时进行教学调整和辅导。这些改革措施的目的在于提高评价的及时性和有效性,使教师能更准确地了解学生的学习进展,及时发现问题并针对性地进行教学辅导。通过更细化的评价方式和更频繁的评价机会,可以更全面地了解学生的学习状况,促进他们的学习进步,并培养他们的自主学习能力和终身学习习惯。

第二,多种形式的评价。综合多种形式的评价方式可以有效改善教育教学过程。通过引入复合考试形式,结合理论和实际应用,可以全面评估学生的学习成果和实际操作能力。质性评价和自我评价的运用能够更全面地评估学生的综合素质和培养他们的批判性思维和创造性思维。多种形式的考查,如口试、笔试、实验操作和撰写科学小论文,可以综合评估学生的不同能力和发展方向。同时,鼓励学生的创新和独特见解,有助于激发他们的思考能力和问题解决能力。这些改革措施可以提高评价的多样性和灵活性,促进学生全面发展,并激发他们的参与意识和创造性思维。

第三,采用成长记录袋评价学生。这种评价方法包括表现性评价、情景测验和行为观察等多种形式,旨在培养学生自我评价的意识和能力。在评价过程中,教师会给出综合评价结论,并提供有价值的指导性建议,以激励学生的学习进步。以成长记录袋评价学生的方式,就像给学生一个个人的文件夹,记录他们在学习过程中的成长和表现。教师会使用各种方法来观察和评价学生,例如观察学生的课堂表现、进行情景测验和行为观察等。通过这些评价方法,教师可以更全面地了解学生的学习情况和能力发展。

重要的是,这种评价方法注重学生的自我评价意识和能力。教师会鼓励学生积极参与自我评价,让他们思考自己的学习进展和不足之处。在评价的反馈过程中,教师会给出综合评价,指出学生的优点和需要改进的地方。同时,教师还会提供有价值的指导性建议,帮助学生制定学习目标和改进方法。

通过这样的评价方式,学生可以更清楚地了解自己的学习情况,认识到自己的努力和成长。同时,教师的评价和建议也会激励学生继续努力,改进不足,并提供更好的学习指导。这种评价方法不仅仅是给学生打分，更重要的是帮助他们在学习过程中成长和进步。

二、推行个性化课程

"让每一个人的个性得到充分自由的发展"是马克思主义学说中的重要观点。课程是学校教育的核心，课程结构决定学生的素质结构。课程差异性和选择性是实现学生个性化学习的基础。没有个性化课程设置，就谈不上学生创新精神和实践能力的培养。①

（一）个性化课程设置在创新精神和实践能力培养活动中的意义

课程是教育思想和教育内容传递的中介，课程的选择、改革与建构只有正确地反映教育个性化思想，体现个性教育特色，持有正确的方向——走向多元，才能真正实现教育个性化，更有力地促进教育的现代化，最终达到人与社会的协同发展。学校是培养学生创新精神和实践能力的主阵地，而学校教育教学活动的直接依据就是课程设置。因此，课程设置是培养高中生创新精神和实践能力的前提。

课程设置，通常是指学校（或其他教育机构）关于课程计划的方案。包括什么阶段开设什么课程及开设多长时间等。课程设置是为学校（或其他教育机构）实现教育目标而制订的，而学校教育目标的制订应以"提升学生的创新精神和实践能力"为指导思想。因为，现代教育的核心问题不是怎样传授知识，而是怎样培养能力，且创新能力是其核心。我国中小学的课程设置是由国家教育行政机关颁发的课程（教学）计划规定的，具有法规性、权威性和基础性，这也是我国课程设置的主要特点之一。国家的课程设置基本上把教学活动的主要内容和形式都确定了，它有没有培养学生创新精神和实践能力的"内涵"，有没有给培养学生创新精神和实践能力留出足够的时间和空间就显得十分的重要。

（二）高中个性化课程设置构想

课程个性化，将给学生以更大的自由发展空间和更多的自主学习时间。个性化课程意味着给予学生更多的自由和自主学习的时间，以满足他们的个体需求

---

① 邹尚智，徐晓雪.中学生创新精神和实践能力培养研究与实务[M].北京：开明出版社，2009.

和特点。这种教学方式尊重每个人的独特性和个性,让学生能够选择或参与适合自己的课程。这样的环境会给学生创造一个宽松和有利的学习氛围,使他们敢于发散思维、实践实验,培养并发展创造能力,进而展现个人创造力的最高层次。

在个性化课程中,学生有更大的自主权,可以根据自己的兴趣和学习需求来选择课程内容。他们可以更加自由地想象、动手实践,并从中获得学习的乐趣和成就感。而教师会根据学生的特点和需求来设计课程,提供适当的支持和指导。这样的个性化教学方法鼓励学生充分展示自己的独特才能,激发他们的创造力和创新思维。

个性化课程的目标是培养学生独立思考、解决问题和创造的能力。通过个性化的学习体验,学生可以发掘自己的潜能并实现自我价值。这种教学方式强调学生的个体差异,允许他们以自己的方式学习和成长,从而达到最佳的学习效果。

第一,课程设置内容的个性化。学科知识很难个性化,但其教学要求和形式能够个性化。在学科知识的教学活动中,注重因材施教,积极引导学生自主探究、自主学习、综合实践,以培养和提升他们的创新精神和实践能力。

第二,课程设置形式的个性化。通过课程设置形式的个性化,着力激发学生的兴趣和培养学生的特长。"兴趣"使学生具有"特长","特长"使学生更有"兴趣",兴趣和特长是培养学生创新精神和实践能力的源和本。很难想象对科学都没有兴趣的学生会对科学产生探索欲望和创新能力。

第三,课程设置结构的个性化。开齐、开足选修课程、地方课程和校本课程。其中,注意开设一些适合培养学生创新精神和实践能力的新课程,如科学实验课、科学探究课、创造发明技法课等。通过这些课程的教育教学活动,激发学生对科学的兴趣,引导学生自主探究学习,使学生学会在社会实践和科学探究的过程中,发现问题、提出问题、研究问题并解决问题,使他们系统地学习科学的研究方法,从而培养他们的创新精神和实践能力。

三、建设校园创新文化

建设校园创新文化是为了让学校成为学生发展创新能力的空间。在学校里,不仅仅是要传授知识,还要培养学生的创造力和实践能力。校园文化是学校特有的文化氛围，通过各种文化活动和校园精神的培养，可以潜移默化地提高学生的文化素质和实践能力。

校园创新文化越来越受到学校的重视。为了营造这种文化氛围，学校可以组织全体师生积极参与创新活动和社会实践，使整个校园充满浓厚的创新气息。建设校园创新文化需要从以下三个方面入手。

首先是校园物质文化建设。学校可以改善校园的设施，如教学楼、图书馆、广场等，使其展现学校的特色和活力。学生可以参与设计和装饰校园环境，发挥自己的创造力，创作出具有艺术价值的作品，让校园充满艺术氛围。

其次是校园制度文化建设。学校应制定适合学生发展的规章制度和行为准则，尊重学生的兴趣和个性。同时，建立合理的教师评价考核制度，激励教师参与创新实践。还应建立奖励制度，对教师和学生的创新实践成果进行奖励，以激励师生积极参与创新活动。

最后是校园精神文化建设。学校应树立积极向上的校风、学风和班风，培养学生的自主学习和创新精神。学校可以通过展示创新实践活动和优秀学生的成果来宣传校园精神文化。同时，在学校和班级管理中倡导民主管理和师生共同参与，形成积极活跃的班级氛围，让学生在积极自主的学习过程中展开创新实践。

通过建设校园创新文化，学校可以为学生提供更多的发展空间和机会。这种文化将尊重每个人的主体性和独特性，鼓励学生发展创造力，并通过个性化的教育方式培养学生的创新能力。学生将在这样的校园环境中敢于想象、动手实践，从而展现出个性的最高层次——创造力。

总之，建设校园创新文化是为了让学校成为学生发展创新能力的空间。通过校园物质文化、校园制度文化和校园精神文化的建设，学校可以为学生提供一个充满创新氛围的环境，促进学生的创新实践能力发展。这将培养学生的创造力、实践能力和个性发展，为他们的未来成功打下坚实的基础。

四、培养创新型教师

培养创新型教师是非常重要的，因为教师在教育过程中扮演着关键的角色。他们的创新精神和能力对学生的创新思维和能力发展起着示范作用。创新型教师应该具备开放性的创新思维和引导性的教学方式，能够创造和谐、轻松的学习氛围，善于发现和培养学生身上的潜在创新思维品质。现代教师不仅要传授知识，更要激发学生的学习兴趣和创新能力。

创新型教师应该具备创新意识和观念，掌握创新的原理和技能。他们应该拥有丰富的科研实践经验，积极参与科学研究活动，掌握最新的学科前沿知识。这是因为，教师的创新实践水平直接影响着学生创新实践的质量。为了加强创新型教师队伍的建设，应该鼓励支持教师特别是年轻教师申请科研项目，并采用以老带新的模式，由经验丰富、科研水平较高的教师带领年轻教师进行科研项目，建立科研团队，提高年轻教师的科研水平，使他们能够独立承担科研任务。

创新型教师应该转变教学方式，激发学生的独立思考能力，培养他们的创新思维和方法。教师是学生学习的组织者和引导者，在学习过程中起着重要的指导作用。现代教育强调以学生为主体，教师为主导，注重学生的实践经验。教师应该采用启发式、探究式、问题式等教学方法，设定问题情境，激发学生的积极性和主动性，培养学生独立解决问题的能力。让学生在实践、参与和讨论中学习，培养他们积极思考和勇于探索的创新精神。

通过培养创新型教师，可以更好地促进学生的创新能力和思维发展。教师的创新实践能够激发学生的学习兴趣，引导他们掌握创新的方法和技能。同时，创新型教师还能够在课堂上创造积极的学习氛围，鼓励学生勇于表达和尝试，培养他们的创造力和解决问题的能力。

为了培养创新型教师，学校可以采取以下措施。

（一）提供专业发展机会

学校应该为教师提供专业发展的机会，包括参加学术研讨会、培训课程和工作坊等。这些活动能够帮助教师掌握最新的教学方法和科研成果，增强他们的创新意识和实践能力。

（二）鼓励教师参与科研项目

学校可以设立科研项目并鼓励教师积极参与。通过参与科研项目，教师可以扩展自己的知识领域，提升科研能力，同时也能将科研成果应用到教学中，推动创新教育的实施。

（三）创建合作交流平台

学校可以建立教师之间的合作交流平台，促进教师之间的互动和共享。例如，组织教研活动、教学观摩和教学团队建设等，让教师们相互学习、交流创新教学经验和方法。

（四）提供奖励和荣誉

学校可以设立奖励制度，表彰那些在创新教育方面有突出贡献的教师。这可以激励教师积极参与创新实践，不断提升自己的创新能力和水平。

（五）支持教师的创新实践

学校应该为教师提供充足的时间和资源，支持他们开展创新实践活动。例如，提供实验室设备、教学材料和项目经费等，为教师的创新教育提供必要的支持。

通过以上措施，学校可以培养出更多具备创新意识和能力的教师，进一步推动创新型教育的发展。

五、激发学生创新意识的方法

（一）培养创新品格和自身创新实践意识

1. 提高学生的创新动机水平

鼓励学生保持好奇心和求知欲，培养积极探索、主动学习的精神，通过合作学习和交流，与同学分享想法，促进创新思维的发展。

2. 培养稳定的创新兴趣

鼓励学生广泛培养兴趣爱好，参加具有挑战性的活动，接触新事物，扩展知识面，培养发散思维。同时，培养对新奇事物的敏感度，注重培养求异思维，鼓励学生大胆质疑，并坚定信念，在不断的自我反思中取得进步。

3. 培养勤于思考的品格

鼓励学生在学习中自觉、主动地思考问题，积极解决难题，培养良好的思辨能力。学生需要将思考与学习相结合，不断激发创新思想的火花，将思考转化为行动。

（二）积极参与创新实践活动，培养创新精神

1. 注重团队合作能力的培养

创新实践活动应重视培养学生的团队协作能力，通过团队合作展示个人知识与技能，增强团队凝聚力。学生可以参与跨学科的创新团队，与不同专业的同学合作，各自发挥专业优势，共同探索新观点、新理念、新方法，提高集体协作能力。

2. 培养实践操作能力

创新实践活动要注重培养学生的实践操作能力，将创新思维转化为具体行动。学生需要置身于真实的活动情境中，深入了解问题解决的各个环节，进行自主探索和独立分析，通过实践中的摸索和错误来获得真知。

（三）加强知识基础，提升学生素质

1. 培养基础理论知识

学生需要掌握基础理论知识，包括形式逻辑、辩证逻辑、情感逻辑和数学逻辑等，这些知识能够帮助学生形成合理的世界观，帮助学生培养解决问题的基本能力。学生应该加强逻辑思维的训练，掌握科学知识，建立基础理论体系，为提高创新实践能力打下基础。

2. 精深的专业理论知识

学生需要深入学习自己专业领域的理论知识，这是创新型人才的核心基础。精深的专业理论知识要求学生对所从事的专业具有深度的了解，包括基本概念、理论体系、学科发展历史和现状、研究方法等。学生应该认真对待专业知识的学习，将所学知识内化为自己的认知结构，丰富自己的知识储备，而不仅仅是为了应付考试。专业理论知识也为学生的创新实践活动提供了理论依据，起到了重要的指导作用。

3. 广博的相关学科知识

创新教育倡导学科交叉，学生不仅需要学习本专业的知识，还应具备广泛的相关学科知识。学习不同学科和专业的知识可以促进不同思想的交流和碰撞，从不同角度思考问题，产生创新的解决方法。创新型人才需要拥有人文社会科学、

自然科学等多方面的知识，并形成综合性的知识结构体系，以支持自身的可持续发展。

扎实的知识基础为学生的创新思维提供支撑，帮助他们理解和分析问题，提供解决问题的思路和方法。同时，充实的知识储备还为学生的创新实践活动提供了理论指导和实践基础，使他们能够更加自信和独立地进行创新实践。因此，学校和教师应重视培养学生的知识基础，注重基础理论知识、专业理论知识和相关学科知识的传授与学习，以提高学生的创新素质和实践能力。

第四节　高中音乐教学的活动化与情境化实践

一、关注物态环境布置，渲染音乐情境

在高中音乐课堂中，关注物态环境的布置可以有效地渲染音乐情境，提升教学效果。教师可以有意识地根据不同的音乐风格、情绪和内容来装饰教学环境，使学生感受到与所学内容相符的氛围，创造出一种身临其境的感觉。这种做法可以帮助学生更好地理解音乐中的思想和情感，激发学生的好奇心和求知欲，形成良好的学习心理状态。

举例来说，教师可以在进行音乐赏析时，通过引用相关的文学作品、历史典故或人物故事来导入，以激发学生的兴趣。同时，教师可以通过调整教室座位和使用一些道具，再现音乐所表达的情景，使学生更加真实地感受到音乐所传达的意义和情感。例如，在介绍音乐《十面埋伏》时，教师可以引用项羽《垓下歌》的片段，让学生感受到当时战场上的气势，然后通过改变座位和运用适当的道具，再现战争失败后的焦虑和角色之间的情感，让学生更好地理解和体验音乐所表达的内容。

通过创设不同的教学情境，教师可以加深学生对音乐的理解和记忆，提高课堂的教学效率。同时，这种创设音乐情境的方法也可以培养学生的艺术鉴赏能力和想象力，让他们更加积极主动地参与音乐学习，提升他们对音乐的情感体验和审美能力。

总的来说，关注物态环境布置并利用多种教学情境可以使高中音乐课堂更具

吸引力和感染力，帮助学生深入理解音乐的内涵，激发学生对音乐的兴趣和热爱，促进他们的综合发展和成长。

二、突出媒体合理运用，创设音乐情境

在音乐教学中，突出媒体的合理运用可以创设丰富的音乐情境，使学生更好地融入音乐的艺术世界，提高他们的音乐鉴赏能力。在现代信息社会中，多媒体技术被广泛应用于教育领域，音乐教学也可以充分利用多媒体技术来创造音乐情境。

教师可以根据每节课的音乐学习内容，设计相应的多媒体课件。例如，在教授音乐作品《蒙古人》时，教师可以在课前准备一个多媒体课件，收集与蒙古相关的风景、事物和社会习俗的图片或视频素材，以展示清晰而生动的蒙古文化景观，如广袤的草原、奔驰的马群、洁白的牛羊群和蒙古包等。这些内容具有浓厚的蒙古特色，可以吸引学生的注意力，激发他们的学习兴趣，提高课堂的趣味性。

通过多媒体的运用，教师可以呈现出音乐所蕴含的丰富情感和意境，使学生更加深入地理解音乐作品。音乐的艺术形象可以通过图像、音频和视频等多媒体元素传达给学生，使他们能够直观地感受到音乐所表达的情感和意义。同时，多媒体还可以帮助学生进行音乐欣赏和分析，例如通过多媒体展示音乐的乐器演奏技巧、表演风格等，让学生更加全面地了解和理解音乐作品。

通过合理运用多媒体技术，教师可以丰富音乐课堂的教学内容，增加学生对音乐的感知和体验。多媒体的创设可以激发学生的好奇心和求知欲，提高他们的参与度和专注度。此外，多媒体的运用还可以培养学生对音乐艺术的欣赏能力和审美意识，为他们的艺术修养和审美素质的培养提供有力支持。

总之，合理运用多媒体技术可以创设丰富的音乐情境，提升学生的音乐鉴赏能力。教师应当在教学中充分利用多媒体资源，将音乐作品和艺术形象融合呈现，使学生能够直观地感受和理解音乐的情感和意义。同时，教师也要注意平衡和引导，发挥自身的教学能力，培养学生的互动参与和思考能力，实现音乐教学的有效深入。

三、创设问题情境，诱发学生创作动机

创设问题情境是一种很有效的教学方法，可以激发学生的创作动机和思维能力，并促使他们积极参与学习。

通过提出问题情境，教师可以引导学生思考和探索，培养他们的分析和解决问题的能力。在高中音乐教学中，教师可以设计一些开放性的问题，让学生通过思考和讨论来回答。这样的问题可以与音乐作品、音乐风格、音乐表现等相关，以激发学生的兴趣和创造力。

同时，教师还可以引导学生进行小组合作讨论，让学生在团队中相互交流、协作和分享想法。这样的合作学习可以促进学生的互动和合作意识，培养他们的团队合作能力，并且通过集思广益，可以得到更多的创作和表演灵感。

以《长江之歌》为例，教师可以设计相关问题情境，如让学生思考音乐中如何表现长江的奔流和壮丽景色，或者让学生自由发挥创作，创作属于自己的《长江之歌》。通过这样的问题情境和创作任务，学生可以更深入地理解音乐的意境和表达方式，并且在创作中体验到音乐的乐趣和创造力的发展。

总之，创设问题情境是培养学生创作动机和思维能力的重要手段之一。通过提出开放性问题和进行小组合作讨论，可以激发学生的学习热情和主动性，培养他们的创造力和合作意识。高中音乐教师应将学生置于教学的核心位置，不断创设各种有效的教学情境，提高教学质量，使学生在音乐学习中得到全面发展。

参考文献

[1] 侯文生，黄侃夫. 核心素养下的音乐教学研究 [M]. 北京：中国书籍出版社，2022.

[2] 赵季平，莫蕴慧. 普通高中教科书：音乐与戏剧（必修）[M]. 北京：人民音乐出版社，2021.

[3] 董爱伟. 守望音乐教育初心 [M]. 苏州：苏州大学出版社，2020.

[4] 马津，马东风. 音乐教育理论与科研方法 [M]. 北京：中央编译出版社，2020.

[5] 黄润带. 高中音乐教学的理论与实践探究 [M]. 广州：广东高等教育出版社，2019.

[6] 麻丽娟. 基于核心素养提升的美术综合教学 [M]. 西安：陕西师范大学出版总社，2019.

[7] 王路. 多元音乐文化与音乐教育创新实践 [M]. 北京：冶金工业出版社，2019.

[8] 王健. 深度学习：走向核心素养（学科教学指南·初中生物）[M]. 北京：教育科学出版社，2019.

[9] 林高明. 核心素养与课堂教学 [M]. 福州：福建教育出版社，2018.

[10] 管建华. 中国音乐教育与国际音乐教育 [M]. 南京：南京师范大学出版社，2018.

[11] 王安国. 普通高中音乐课程标准（2017年版）解读 [M]. 北京：高等教育出版社，2018.

[12] 哈罗德·F·艾伯利斯，洛丽·A·库斯托代罗. 音乐教育的重要课题——当代理论与实践 [M]. 刘沛，译. 北京：中央音乐学院出版社，2017.

[13] 张湘君. 学生发展核心素养视域下的课堂教学指南中小学音乐 [M]. 长春：东北师范大学出版社，2017.

[14] 钟启泉.课堂转型[M].上海：华东师范大学出版社，2017.

[15] 格兰特·威金斯，杰伊·麦克泰格.追求理解的教学设计（第二版）[M].闫寒冰，宋雪莲，等译.上海：华东师范大学出版社，2016.

[16] 皇丽莉，文奇.音乐教育创新与实践[M].沈阳：东北大学出版社，2015.

[17] 佐藤学.学校的挑战：创建学习共同体[M].钟启泉，译.上海：华东师范大学出版社，2010.

[18] 邹尚智，徐晓雪.中学生创新精神和实践能力培养研究与实务[M].北京：开明出版社，2009.

[19] 查汪宏，章连启.走进高中音乐教学现场[M].北京：首都师范大学出版社，2008.

[20] 尹丹红.小学音乐综合艺术活动研究[M].北京：北京燕山出版社，2006.

[21] 罗杰斯.自由学习[M].伍新春，管琳，等译.北京：北京师范大学出版社，2006.

[22] 约翰·杜威.我们怎样思维·经验与教育[M].姜文闵，译.北京：北京人民教育出版社，2005.

[23] 李妲娜，修海林，尹爱青.奥尔夫音乐教育思想与实践[M].上海：上海教育出版社，2002.

[24] 熊至尧.整合化的音乐教学——对"综合音乐能力"的解读[J].中国音乐，2020，（06）：172-181.

[25] 袁国超.基于核心素养的深度学习实现路径[J].江苏教育研究，2019，（32）：4-8.

[26] 钟启泉.单元设计：撬动课堂转型的一个支点[J].教育发展研究，2015，35（24）：1-5.

[27] 赵云艳.高中音乐综合课程构想[J].课程教材教学研究（中教研究），2011，（Z3）：15-16.

[28] 管建华."审美为核心的音乐教育"哲学批评与音乐教育的文化哲学建构[J].中国音乐，2005，（04）：6-16，30.

[29] 管建华.音乐人类学家布鲁诺·内特尔的后现代音乐教育思想[J].黄钟（中国.武汉音乐学院学报），2004，（04）：80-85.

[30] 冯晓桐.高中"音乐与戏剧"模块教学实践研究[D].海口：海南师范大学，2022.

[31] 张浩.高中音乐鉴赏中自主性学习的实践探究[D].漳州：闽南师范大学，2022.

[32] 周小雨.基于学习共同体的高中音乐协同学习模式研究[D].西安：陕西师范大学，2021.

[33] 牛惠静."合作学习"在高中音乐鉴赏课中的实施策略探究[D].贵阳：贵州师范大学，2021.

[34] 庄安琪.核心素养导向的高中音乐深度学习模式研究[D].西安：陕西师范大学，2021.

[35] 王晓卫.地方高校大学生创新实践能力培养的研究[D].青岛：青岛大学，2018.

[36] 孔颖.高中音乐鉴赏课"合作教学"的理论与实践研究[D].曲阜：曲阜师范大学，2013.

[37] 郑淑贞.合作学习系统设计初探[D].杭州：浙江大学，2001.

[38] 魏严严.音乐学科核心素养理念下的教师人才培养模式研究[D].西安：西安音乐学院，2020.

[39] 庄安琪.核心素养导向的高中音乐深度学习模式研究[D].西安：陕西师范大学，2021.

[40] 骆静禾.20世纪以来中国基础音乐教育观念研究[D].福州：福建师范大学，2017.

[41] 李洪.培养初中生音乐鉴赏能力的策略探究[J].中学课程辅导，2022（35）：99-101.

[42] 文奇，沈洁怡.浅谈学科教学中美育的实施[J].教育教学论坛，2011（07）：68-69.

[43] 黄培明，郑寿.高校创新人才培养模式浅谈[J].福州大学学报（哲学社会科学版），2003（04）：104-106.

[44] 王亚超.论立德树人背景下的小学音乐教学的德育渗透[J].吉林教育，2022（04）：46-47.

[45] 万苏玲.基于 VR 技术的初中音乐课情境教学研究 [J].中小学电教（教学），2022（02）：37-39.

[46] 李琪.新时代高中音乐课程教学的实践与思考 [J].成才之路，2022（11）：99-102.

[47] 赵云艳.高中音乐综合课程构想 [J].课程教材教学研究（中教研究），2011（Z3）：15-16.